Dietrich Kegler

Untersuchungen zur Bedeutungsgeschichte
von Istina und Pravda im Russischen

Europäische Hochschulschriften

Publications Universitaires Européennes
European University Papers

Reihe XVI

Slawische Sprache und Literatur

Série XVI   Series XVI

Langues et littératures slaves
Slavonic languages and literatures

Bd./Vol. 6

Dietrich Kegler

Untersuchungen zur Bedeutungsgeschichte
von Istina und Pravda im Russischen

Herbert Lang Bern
Peter Lang Frankfurt/M.
1975

Dietrich Kegler

Untersuchungen zur Bedeutungsgeschichte von Istina und Pravda im Russischen

Herbert Lang Bern
Peter Lang Frankfurt/M.
1975

ISBN 3 261 01611 6

Druck: fotokop wilhelm weihert KG, Darmstadt

Vorbemerkung

Die Zitate aus den russischen Quellentexten des
19. Jahrhunderts werden in folgender abgekürzter
Weise gekennzeichnet: Die römische Zahl bezeichnet
die verwendete Ausgabe, die erste arabische Zahl
bedeutet die Bandzahl dieser Ausgabe, und die zweite
arabische Zahl gibt die Seite in diesem Band an.
Im Literaturverzeichnis sind die Ausgaben in folgender Reihenfolge beziffert:

Dostoevskij   : I
L.N. Tolstoj   : II
Gončarov   : III
Turgenev   : IV
Gercen   : V
Belinskij   : VIa und VIb
Dobroljubov   : VIIa und VIIb

Alle slavischen Zitate sind in der wissenschaftlichen
Umschrift wiedergegeben. Hebräische und griechische
Wörter werden nicht transkribiert.

Inhaltsverzeichnis

A. EINLEITUNG

1. Zwei Wörter für 'Wahrheit' im Russischen

In einem Synonymenwörterbuch der russischen Sprache der Gegenwart[1] findet man unter pravda das Wort istina mit der Bemerkung, daß letzteres seltener gebraucht werde und zu beiden Bedeutungsträgern für 'Wahrheit' den lexikalischen Hinweis: "Dejstvitelьnoe položenie veščej, istinnoe sobytie, proisšestvie, fakt." Auch die üblichen Wörterbücher des Russischen vermitteln auf den ersten Blick den Eindruck völlig synonymischer Verwendung der beiden Wörter, deren gemeinsame Bedeutung lapidar mit 'Wahrheit' umschrieben ist. Erst die Betrachtung der weiteren Bedeutungen zeigt, daß 'Wahrheit' nur der allgemeinste Nenner für zwei verschiedene Grundvorstellungen ist, wie sie bezüglich des Wahren in pravda und istina tradiert werden. Folgen wir den Synonymenwörterbüchern, so finden wir bereits Wörter, in denen andere Vorstellungen von Wahrheit Ausdruck finden, z.B. als 'Gerechtigkeit' (spravedlivostь) und als 'Rechtlichkeit' (pravota). Die beiden Grundvorstellungen können in sehr allgemeiner und vorläufiger Formulierung so umrissen werden:
1. Wahrheit meint die wirkliche, tatsächliche Lage der Dinge (Wahrheit als Wirklichkeit).
2. Wahrheit meint wahrheitsgemäßes Verhalten, Rechtverhalten oder auch eine gerechte Ordnung der Verhältnisse (Wahrheit als Gerechtigkeit).
Wenn die beiden Wörter in der russischen Sprache des 20. Jhs. austauschbar geworden sind und eines von beiden aus dem Gebrauch kommt, weil die Sprache den "Luxus der

---

1) Slovarь Sinonimov Russkogo Jazyka, II, hrsg. von der Akademija Nauk SSSR, Leningrad 1970.

Synonymie" auf die Dauer nicht duldet[2], so stellt sich
die Frage, welche Auffassungen der Wahrheit im Laufe der
Entwicklung pravda, welche istina eigneten. Die Beobachtung der Synonymie, der Kongruenz der Bedeutungen beider
Wörter, zum mindesten ihres begrifflichen Inhaltes, führt
zur wortgeschichtlichen Fragestellung. Wenn erst in der
Sprache der Gegenwart zwei Wörter für 'Wahrheit' bedeu-
tungsgleich werden, während sie in der langen Entwicklung
vorher zwar Ähnlichkeit, nicht aber Gleichheit, auch nicht
des begrifflichen Kerns, besaßen, so müssen sie in einer
Art polarer Beziehung zueinander gestanden haben. Die oben
umschriebene Polarität Wahrheit-Wirklichkeit : Wahrheit-Gerechtigkeit ließ lange Zeit beide Bedeutungsträger gleichwertig nebeneinander bestehen, und erst spät gelang es dem
einen, dem Wort pravda, beide Pole in sich zu vereinigen.
Die Parallelität von istina und pravda als 'Wahrheit' ist
eine typische Erscheinung der russischen Sprache. Die anderen Slavinen haben sie viel früher aufgegeben. Poln.
prawda heißt 'Wahrheit', iścina schwindet mit dem Altpol-
nischen. Das Wort istny 'wahr, wirklich' bewahrt als Adjektiv das Erbe der istina-Wahrheit. Sbkr. pravda bedeutet 'Gerechtigkeit, Recht' und nur selten 'Wahrheit'. Im
Russischen beobachten wir das Nebeneinander beider Wörter in einem langen Prozeß, der als Konkurrieren zweier
Bedeutungsträger zu verstehen ist. In diesem Prozeß liegt
das Kernproblem der vorliegenden Arbeit.

2. D i e S y n o n y m e i s t i n a u n d p r a v -
d a a l s B e d e u t u n g s t r ä g e r d e r
s e e l i s c h e n S p h ä r e

Die Bedeutungen von Wörtern für 'Wahrheit' gehören zur
seelischen Sphäre mit aller ihrer Subjektivität, Wand-

---

2) Vgl. Ullmann, Grundzüge der Semantik, S. 101 - 106.
Kronasser, Handbuch der Semasiologie, S. 133 - 139.

6

lungsfähigkeit und Unkontrollierbarkeit[3]. "In der sinnlich
wahrnehmbaren Welt hat die Sprache mit festumrissenen Grö-
ßen fertig zu werden, die, wenn auch wandelbar und vergäng-
lich, stets für jedermann sinnlich greifbar und kontrol-
lierbar bleiben, während im Bereich des Seelischen die Ge-
gebenheiten von jedem Individuum für sich erlebt oder nicht
erlebt werden und solcher Art für die Allgemeinheit unkon-
trollierbar sind"[4]. Die Bedeutung eines Wortes der sinnlichen Sphäre ist durch die Realität "weitgehend festge-
legt und unwandelbar"[5]. Das Wort Wahrheit läßt sich jedoch nicht an einem Gegenstand der Realität semasiologisch
nachprüfen, sondern allenfalls in vielen Definitionen an-
nähernd bestimmen. Wahrheit und Gerechtigkeit mögen indirekt am Verhalten von Menschen zu messen sein, aber die
individuellen und ethnischen Verschiedenheiten werden nicht
weniger groß sein als bei anderen Wörtern der nicht sinnlichen Sphäre. Dieser Schwierigkeit sehen wir uns gegenüber,
wenn wir nach den Bedeutungen von istina und pravda fragen.
Mit der Feststellung der Synonymie von zwei Wörtern für
'Wahrheit' ist zunächst wenig gewonnen, da im seelischen
Bereich die Kongruenz von Bedeutungen aus den eben genannten Gründen am unvollkommensten sein muß. Auch wenn die
begrifflichen Inhalte identisch geworden sind, bleiben die
schillernde Unbestimmtheit der Gefühlsbeiklänge und die Verschiedenheit des "Evokationsvermögens"[6]. Das Unterliegen
des einen der beiden Wörter für 'Wahrheit' bedeutet nicht,
daß beide "reine Synonyme"[7] geworden sind, sondern nur,

---

3) Kronasser, Handbuch der Semasiologie, S.187 - 190.
4) Kronasser, a.a.O., S.188.
5) Derselbe, a.a.O., S.188.
6) Ullmann, Grundzüge der Semantik, Kapitel: "Gefühlsele-
mente in Name und Sinn", S.90 ff.; vgl. Erdmanns Drei-
teilung der Wortbedeutung: begrifflicher Inhalt, Neben-
sinn und Gefühlswert.
7) D.h. Kongruenz der Bedeutungen auf begrifflicher und
gefühlsmäßiger Ebene, vgl. Ullmann, a.a.O., S.102.

daß das andere Wort stärker und lebensfähiger ist. Die russischen Wörter für 'Wahrheit' sind am Ende ihrer konkurrierenden Entwicklung allenfalls Pseudosynonyme (Homoionyme) und dabei denjenigen zuzuordnen, "die dem Begriff, nicht aber dem Gefühlswert nach kongruent und gegeneinander austauschbar sind"[8].

Wir betrachten aber nicht das Ergebnis der Entwicklung, die endlich zur weitgehenden Annäherung der Bedeutungen im oben beschriebenen Sinne führte, sondern die Entwicklung selbst, deren Gang von zwei Faktoren bestimmt wird. Istina und pravda stehen einerseits durch das Tertium comparationis 'Wahrheit' bedeutungsmäßig einander sehr nahe, andererseits trennt sie ein grundlegender begrifflicher Unterschied. Daraus folgt, daß die Bedeutungsträger istina und pravda zugleich in engster gegenseitiger Beziehung und klarer gegenseitiger Abgrenzung gesehen werden müssen. Zwei Wörter für 'Wahrheit', die je einen anderen Begriff des Wahren meinen, können am besten in ihrem wechselseitigen Verhältnis betrachtet werden. Die wortgeschichtliche Untersuchung der beiden russischen Lexeme ist also die Untersuchung ihrer konkurrierenden Entwicklung als Bedeutungsträger für verschiedene Begriffe der Wahrheit.

Die Parallelität von Wörtern für 'Wahrheit' ist eine Erscheinung, die sich auch in anderen Sprachen beobachten läßt. Frisk hat in seiner Arbeit "Wahrheit und Lüge in den idg. Sprachen" reiches Material zusammengetragen[9]. Wir wählen in Entsprechung zum Russischen zwei Beispiele für die in e i n e r Sprache nebeneinander bestehenden Wörter, während es Frisk im wesentlichen auf den idg. Vergleich ankommt.

---

8) Vgl. Ullmann, Grundzüge der Semantik, S.102, Beispiel: 'liberty' 'freedom', '(äußere, innere) Freiheit'.
9) Frisk, Wahrheit und Lüge in den idg. Sprachen, GHA 1935.

Im Engl. ist das alte soð, neuengl. sooth "von dem der
Bildung nach alten, aber hinsichtlich der Bedeutung speziell englischen true verdrängt worden"[10]. True heißt
eigentlich 'getreu', der etymologischen Herkunft nach im
Grunde 'eichenartig, eichenfest' und meint einen anderen
Begriff von Wahrheit als das alte soð, das zur Wurzel
*es 'sein', idg. *s-ont-o- gehört und Wahrheit als 'Exis-
tierendes, Seiendes' verstehen läßt[11]. Im Griechischen
gehen in der ältesten Zeit zwei Wortsippen nebeneinander
her, nämlich die Sippe ἐτός, ἐτεός, ἔτυμος, ἐτήτυμος und
ein"mächtiger Konkurrent", ἀληθής , ἀλήθεια der die alten
Wörter verdrängt. Bei der Frage nach dem Grund der Ablösung
"wird man auf die grössere Expressivität und Konkretion des
echt griechischen 'offenbar' raten wollen"[12].
Zur Frage der Etymologie der beiden slav. Wörter für 'Wahrheit' wird unten ausführlicher zu sprechen sein. Hier kommt
es darauf an, das Nebeneinander und Konkurrieren zu zeigen,
das wohl im wesentlichen auf die Unterschiede in der begrifflichen Vorstellung von Wahrheit zurückzuführen ist.
Dabei bedeutet "begriffliche Vorstellung" nicht etwa wis-
senschaftliche Definition der Wahrheit, sondern deren verschiedene Auffassungen, wie sie auch schon vor einem philosophischen Nachdenken über das Wesen der Wahrheit von
Volk zu Volk verschieden vorhanden sein können. Wahrheit
kann schon in frühester Zeit als 'tatsächlich Existierendes', als 'Offenbares' oder als 'Treue' verstanden werden,
und in pravda haben wir schließlich ein Beispiel für Wahrheit als 'Richtigkeit' und 'Gerechtigkeit'. Die Parallelität

---

10) Vgl. E.Klein, A Comprehensive Etymological Dictionary
    of the English Language: sooth...: "These words orig.
    meant 'that which is', and derive from the Teut. parti-
    cipal base *sand, which corresponds to I. E. *essont-,
    fr. *es 'to be'".
11) Frisk, Wahrheit und Lüge, S.4 u. 7.
12) Derselbe, a.a.O., S.16 ff.

von istina und pravda darf aber als besonders interessanter Fall angesehen werden, weil ihr Konkurrieren nicht schon zu einer Zeit geendet hat, da die Wahrheit an sich noch nicht Gegenstand der Reflexion gewesen ist. Der Höhepunkt der Auseinandersetzung beider Wörter liegt vielmehr in der Epoche der russ. Sprache und Literatur, die in besonderer Weise von der Frage nach der Wahrheit bestimmt wird, im 19. Jahrhundert.

3. Z u   E t y m o l o g i e   u n d   B e d e u t u n g
   d e r   A b s t r a k t b i l d u n g e n
   i s t i n a   u n d   p r a v d a

Istina und pravda sind wie viele ihrer idg. Synonyme sekundäre nominale Abstraktbildungen. Ihre Ableitung aus pravъ und istъ läßt sich mit folgenden idg. Parallelen vergleichen:[13]

lat.	verus	veritas
nhd.	wahr	Wahrheit
engl.	true	truth
kelt.	fior	firinn
schwed.	sann	sanning
aksl.	istъ	istina
aksl.	pravъ	pravda

Das Slavische bildet diese Abstrakta mit Hilfe der Suffixe -ьda und -ina.

Zu dem suffixalen Element -d- im Slavischen bemerkt Meillet: "Le slave n'a aucun élément suffixal proprement dit qui comprenne un d; on ne rencontre d que dans des formations plus ou moins complètement isolées. La plus remarquable est celle des mot dérivés en -ida"[14]. So begegnen in den ältesten slav. Texten auch nur zwei Ableitungen auf -ьda, nämlich pravьda und vražьda 'Feindschaft', von vragъ 'Feind'. Krivьda 'Lüge, Unwahrheit' ist in den

13) Frisk, Wahrheit und Lüge, S.11.
14) Meillet, Etudes sur l'étymologie..., II, S.320.

ältesten Texten nicht vorhanden; es wurde nach dem Muster
von pravьda gebildet, "sur le modèle du sens contraire prav-
ida"[15]. Der semantische Wert eines derartig isolierten
Suffixes läßt sich kaum bestimmen. Deshalb gehen wir davon aus, daß pravьda als fertige Abstraktbildung im Aksl.
vorliegt und verzichten darauf, von dem suffixalen Bil-
dungselement irgendwelche Auskünfte über die Bedeutung des
Wortes zu erwarten. Dasselbe gilt auch für das Suffix -ina,
welches aber in historischer Zeit noch produktiv ist[16].
Meillet spricht von einem sehr wenig bestimmten semantischen Wert ("une valeur sémantique très peu définie")[17].
Die Etymologie von Wörtern für 'Wahrheit' ist semasiologisch von Interesse, weil durch sie wertvolle Hinweise auf
die Vorstellung zu erwarten sind, die der Wahrheit in verschiedenen Sprachen und Zeiten zugrunde liegt. Das hebr.
Wort אֱמֶת z.B. entwickelte sich aus einem Verbum אָמַן
'fest, zuverlässig sein', das griech. Wort ἀλήθεια wird
allgemein als das 'nicht Verborgene, nicht Verheimlichte'
erklärt.
Leider ist die Etymologie von istina umstritten, so daß
wir hinter die Bedeutung 'Wahrheit, Wirklichkeit' kaum zu-
rückgelangen. In seinem Aufsatz über slav. istъ[18] geht
Stang auf die Lösungsversuche[19] ein, von denen er abschließend sagt, daß "aucune des étymologies citées ici ne

---

15) Meillet, a.a.O.,S.320.
16) Meillet, a.a.O.,S.450, Beispiele: desętina, družina,
    dupina, glǫbina, godina.
17) Meillet, a.a.O.,S.450.
18) Stang, L'adjectif slave istъ, NTS 15, S.343-351.
19) Es sind die folgenden:
    1.Wurzel *es- (jьstъ< *sto).
    2.istъ aus iz+sto (Wurzel *stā), ähnlich wie lat.
      existere, exstare.
    3.zu lit. yčšias, yškùs, aiškus (klar), slav. jasnъ,
      iskra, poln. jaskry, jaskrawy.
    4.zu *lat. iūstus.
    5.zu *justo- vgl.lit. jùsti (fühlen, etw. bemerken);
      Quellen bei Stang, a.a.O.

parait être tout à fait satisfaisante"[20]. Dann bringt er
eine eigene Erklärung, die zwar schon vorhanden, aber nicht
im Detail ausgeführt worden war. Ausgehend von der belegten
Bedeutung des Wortes istъ (réel, véritable, authentique'),
die sich in den anderen Slavinen ebenfalls findet und in
Beziehung zu einer Bedeutung 'eigen,Eigentum, Besitz, Kapital' gebracht wird (russ. istina, poln. iścina, čech. jisti-
na, slov. istinga) faßt Stang zusammen:

> "A mon avis, istъ est un adjectif verbal en -to-
> provenant de la même racine qu'on retrouve dans
> sanscr. Ice, got. aih; le sens de cet adjectif
> verbal a été originairement 'propre' (eigen),
> mais il s'est développé, selon la même ligne
> que l'allemand eigen(t)lich, de 'propre' (eigen)
> à'véritable, vrai, authentique'"[21].

Wichtiges Argument für diese Erklärung und gegen die voran-
gehenden ist nach Stang außer der lautgesetzlichen Entwick-
lungsmöglichkeit die tatsächlich vorhandene Bedeutung
'wirklich, echt', bei istina also 'Wirklichkeit, Echtheit,
Wahrheit'.

Wie dem auch sei, die im frühesten slav. Schrifttum belegte Bedeutung von istina als "Wirklichkeitswahrheit" steht
in unverkennbarem Gegensatz zu pravъda als "Gerechtigkeits-
wahrheit". Und ebenso wie Stang die Frage der Etymologie
an der semantischen Möglichkeit mißt, also die vorhandenen
Bedeutungen von istъ und istina ausdrücklich zugrunde legt,
geht die semasiologische Untersuchung von istina und pravda von den ersten nachweislichen Bedeutungen aus, denen ein
Grundunterschied in der Vorstellung der Wahrheit mitgegeben
ist. Die Annahme, daß den Wörtern der seelischen Sphäre
ursprünglich konkrete Bedeutungen zukommen, ist für die
Bestimmung eines Abstraktums von geringem Nutzen. Selbst

---

20) Stang, a.a.O., S.345.
21) Derselbe, a.a.O., S.347.

wenn sich konkrete Urbedeutungen genau feststellen ließen,
würde der tiefgreifende Unterschied zwischen der sinnlichen
und seelischen Sphäre daran hindern, ein Wort für 'Wahrheit'
"konkret" zu verstehen. Es ist wahrscheinlich, daß die see-
lische Sphäre "überhaupt keine ihr ursprünglich angehörigen
Bedeutungsträger" hat und diese "vielmehr fallweise nach
Bedarf aus dem Bereich des Sinnlichen" bezieht[22]. Wenn
das richtig ist, dann haben wir wenig Veranlassung, den
Schritt von der Abstraktion zur konkreten Anschauung zu-
rückzugehen, weil die Bedeutungen des nicht Sinnlichen ihrem Wesen nach ganz andere sind als diejenigen, deren Wortkörper sie "fallweise" besetzen. Nicht durch den Rückgriff
auf ursprüngliche, konkrete Bedeutungen läßt sich ein Wort
für 'Wahrheit' bestimmen, sondern durch den Vergleich mit
anderen, ebenfalls abstrakten Bedeutungen. Auch Frisk, der
istina wegen der idg. Synonyme auf die Wurzel *es zurück-
führt, stellt fest: "Das Verbum *es hat schon in der Ur-
sprache die Bedeutung 'es gibt, ist vorhanden' angenommen,
und mithin können wir auch für dessen nominale Formen hinter die allgemeine Bedeutung 'befindlich, tatsächlich
existierend' nicht dringen"[23].
Wenn wir durch den literarischen Gebrauch belegte Grundbedeutungen eines Abstraktums haben, so ist es für die Frage
der Bedeutungsentwicklung dieses Wortes nicht erforderlich
und auch nicht sinnvoll, nach früheren zu forschen, die
der sinnlichen und greifbaren Welt angehören.
Folgen wir Stang, so stellen wir in 'réel, véritable,
authentique' keinen so wesentlichen Unterschied zu der von
Frisk nahegelegten Bedeutung 'wirklich, existierend' fest,
daß wir genötigt wären, hinter diese Bedeutungen auf ur-
sprünglichere Vorstellungen der Wahrheit gelangen zu wollen.

22) Kronasser, Handbuch der Semasiologie, S.188.
23) Frisk, Wahrheit und Lüge, S.33.

Auch die Bedeutung von pravьda läßt sich hinter die in der
Ableitung von pravъ 'gerade, recht' vermittelten Grundvor-
stellung der Wahrheit als 'Richtigkeit' und 'Gerechtigkeit'
kaum verfolgen. Meillet und Vasmer setzen übereinstimmend
Fragezeichen hinter die Etymologie von pravъ. Nach Meillet[24]
ist pravъ eine Ableitung durch das Suffix -wo-, welches
direkt an eine Wurzel tritt. "L'origine du mot n'est pas
claire. cf. lat. probus, ags. fra-m "brave" ?." - Vasmer[25]
schreibt: "Wohl aus * prō-vos, wurzelverwandt mit lat.
probus 'gut, brav' (pro-bhuos), aind. prabhūs 'hervorra-
gend (an Macht und Fülle), übertreffend', ags. fram 'kräftig, tätig, kühn', anord. framr 'voranstehend, vorwärts-
strebend'".
Gehen wir von der vorhandenen Bedeutung 'gerade, recht'
aus, so haben wir unabhängig von der nicht ganz sicheren
Etymologie in pravьda ein Abstraktum, welches als 'Richtigkeit, Gerechtigkeit, Recht' ein normatives Element
enthält. Als 'Wahrheit' ist in diesem Wort jedenfalls
eine Vorstellung bestimmend, die nicht 'tatsächlich, wirklich' meint, sondern 'richtig, einer Norm entsprechend'.
Anders als pravьda, bei dem wir von Anfang an die Tendenz
bemerken, 'Wahrheit' auch in anderer Auffassung zu bezeichnen und darin eben in Parallelität zu istina zu geraten,
bewahren die übrigen Ableitungen von pravъ das Element
'recht, richtig, gerade' in reinerer Form: pravota 'Rechtschaffenheit, Richtigkeit', pravostь ebenfalls 'Rechtschaffenheit, Richtigkeit', pravyni 'das sich recht Verhalten, Richtigkeit, Gerechtigkeit'[26]. Ein anderer wichtiger Gesichtspunkt veranlaßt uns, der etymologischen Fra-

---

24) Meillet, Etudes, II, S.363.
25) Vasmer, Russisches Etymologisches Wörterbuch, II,S.424.
26) Sadnik-Aitzetmüller, Handwörterbuch zu den aksl.
    Texten.

ge nicht weiter nachzugehen. Da istina und pravьda samt
Ableitungen durch die Wiedergabe griech. Vorlagen ent-
scheidend geprägt worden sind, wenn wir auch nicht von
Lehnprägungen im eigentlichen Sinne[27] sprechen können,
empfiehlt es sich, dieser durch Übersetzung gegebenen
Bedeutungsbeeinflussung Aufmerksamkeit zu schenken. Daran
müssen wir um so mehr interessiert sein, als uns etwa in
ἀλήθεια ein Wort für 'Wahrheit' begegnet, welches seiner-
seits im Laufe einer langen Bedeutungsentwicklung verschiedene sehr unterschiedliche Elemente in sich vereinigt
hat. Den Übersetzern der frühchristlichen Texte bot sich
die Entsprechung ἀλήθεια - istina und δικαιοσύνη - pravьda
an, weil bei wieder verschiedener Etymologie von Vorlage
und Übersetzung die gegebenen Bedeutungen am besten über-
einstimmten. Durch die Übersetzung wurden die slav. Wörter aber erst zu dem, was sie vorher nicht sein konnten,
nämlich zu Bedeutungsträgern für 'Wahrheit' und 'Gerechtigkeit' im biblisch-religiösen Verständnis, ebenso wie
griech. ἀλήθεια unabhängig von der etymologischen Herkunft den ursprünglich nicht mit diesem Wort verbundenen
Sinn von 'Zuverlässigkeit, Treue' aus dem Hebräischen
übernehmen konnte.
Damit wird das Interesse an der Etymologie keineswegs be-
stritten, sondern nur an einem Einzelfall relativiert.
Zusammenfassend können wir feststellen: Die Grundlage für
die Untersuchung der Bedeutungsgeschichte von istina und
pravda sehen wir in den ersten belegten Bedeutungen dieser Wörter in der aksl. Literatur. Diese Bedeutungen sind
durch die griech. Vorlagen semasiologisch stark beein-
flußt worden, was uns veranlaßt, den Bedeutungen der Vorlagen nachzugehen. Die etymologische Fragestellung steht
vor der Schwierigkeit, die Entwicklung der Abstrakta aus

---

27) Vgl. Schumann, Die griech. Lehnbildungen und Lehnbedeutungen im Abg., S.1: Terminologie der Lehnprägungen.

einer vermutlich vorausgehenden konkreten Bedeutung zu
verfolgen.

Durch die Übersetzung und eine damit verbundene Bedeutungs-
prägung verliert die Frage der Etymologie aber für unsere
Fragestellung an Wichtigkeit, weil bei pravda und istina
und ihren griech. und hebr. Entsprechungen Wörter verschiedener etymologischer Abstammung und verschiedener
Sprachen zu Trägern von ihnen nicht ursprünglich eigenen
Bedeutungen von 'Wahrheit' werden.

4. I s t i n a u n d p r a v d a a l s S c h l ü s -
   s e l b e g r i f f e i n d e r r u s s i s c h e n
   L i t e r a t u r d e s 19. J a h r h u n d e r t s

Die beiden russ. Wörter für 'Wahrheit' zeichnen sich in
der Literatur des 19. Jhs. durch besonders häufiges Erscheinen aus. Beim Lesen der großen Romane Tolstojs, Dostoevskijs und anderer Dichter dieser Epoche begegnet man
ihnen auf Schritt und Tritt, nicht nur in jenem alltägli-
chen Gebrauch, der die Wahrheit beiläufig und in untergeordneter Rolle verwendet, sondern auch sehr oft da, wo die
Wahrheit eigentlich Gegenstand der Handlung oder des Ge-
sprächs ist. Wir stehen vor der Frage nach der Weltanschauung in der russ. Literatur des 19. Jhs..
Offensichtlich darf man in der häufigen Nennung der Wahrheit in allgemeinen literarischen Texten keinen Zufall sehen, sondern die Bestätigung dafür, daß die Frage nach der
Wahrheit mitten in der schöngeistigen - also nicht philo-
sophisch-systematischen - Literatur einen besonderen Platz
hat. Das Interesse an der Wahrheitsfindung beschränkt sich
nicht auf esoterische Untersuchungen und Abhandlungen, es
ist vielmehr in der allen Menschen zugänglichen großen
Literatur spürbar, so daß man von istina und pravda als
Schlüsselbegriffen sprechen kann. Die Untrennbarkeit von
Philosophie und Leben verwischt auch die Grenzen zwischen

explizit philosophischer und schöngeistiger Literatur in
Rußland[28]. So spricht Lauth von einer "philosophisch be-
deutsamen literarischen Periode" um Tolstoj und Dostoevskij
und stellt fest: "In dieser Bewegung haben Denker wie Be-
linski, Herzen, L.Tolstoj, Turgenev und Tschernischevski
ihren Platz"[29].

Simon Frank gibt in seinem Buch "Die russische Weltanschauung"[30] eine interessante Erklärung zu diesem Phä-
nomen. Er zeigt, daß der russ. Denkungsart "das nur Systematische und Begriffliche im Erkennen" als "der vollen und
lebendigen Wahrheit doch nicht ebenbürtig" erscheine. Daraus folge, daß "die tiefsten und bedeutendsten Gedanken
und Ideen" nicht in systematischen Werken, "sondern in
ganz anders gearteten literarischen Formen ausgesprochen"
wurden. Der Grund für das Interesse der schöngeistigen
Literatur an weltanschaulichen Fragen darf im Sinne von
Frank also in einem Wesenszug der russ. Mentalität gesehen werden, für die solches Fragen untrennbar zum Lebens-
vollzug gehört.

In direktem Bezug zur Wahrheitsfrage schreibt M.Braun:
"Die russische Dichtung fühlt sich nicht wohl in der selbst-
gewählten Enge ihrer ideellen Grundlagen. Hinter ihren
zeit- und raumgebundenen Untersuchungen wird immer wieder
der große metaphysische Hintergrund sichtbar, der seit
jeher in der Tiefe der russischen Geistigkeit lauert. "Was
ist Wahrheit?" - diese Pilatusfrage ist nicht umsonst das
große Leitmotiv der russischen Dichtung, auch dort, wo
eine solche Frage nach westlichen Begriffen nichts zu

---

28) Philosophie in einem allgemeinen, nicht streng wissen-
    schaftlichen Sinne als das Fragen in der russ. Litera-
    tur, welches auf ein Eigentliches, Letztes hinzielt.
29) Lauth, "Ich habe die Wahrheit gesehen", Die Philosophie
    Dostojewskis, S.17.
30) Frank, Die russische Weltanschauung, S. 11f.

suchen hat"[31].

5. L i t e r a t u r a u s w a h l u n d M e t h o d e

Wenn die Frage der Weltanschauung in der russ. Literatur
des 19. Jhs. angesprochen wurde, so bedeutet dies nicht
eine Ablenkung von der semasiologischen Blickrichtung. In
dieser Epoche, so stellten wir fest, gehört die Beschäfti-
gung mit der Grundfrage: Was ist Wahrheit? unlösbar zu
den großen literarischen Schöpfungen. Istina und pravda
können nicht unabhängig von der Geistesgeschichte betrachtet werden, da Wörter für 'Wahrheit', deren Bedeutung mittelbar von ererbten europäischen und außereuropäischen
Vorstellungen der Wahrheit mitbestimmt sind, immer Teil
der Geistes- und Kulturgeschichte bleiben. Daß die Grenzen der Semasiologie dennoch nicht überschritten zu werden brauchen, wird in unserem Fall an dem Unterschied zweier Fragestellungen deutlich: Die Frage "Was ist Wahrheit?"
ist weltanschaulich-philosophisch. In dieser allgemeinsten
Formulierung kann sie sich über alle vorhandenen Begriffe
der Wahrheit, wie sie in der Sprache durch Wörter ausgedrückt werden, erheben. Die Frage "Was bedeuten istina
und pravda und wie sind die Beziehungen ihrer Bedeutungen?" ist semasiologisch, weil sie nach den Inhalten bestimmter Wörter fragt. Pravda und istina als wesentliche
Begriffe einer literarischen Epoche antworten gewiß auch
auf die Frage nach der Wahrheit im russ. Verständnis, aber
diese Antworten bleiben an die Wortkörper dieser Sprache
gebunden und betreten nicht das Gebiet der allgemeinen Be-
griffsbestimmung[32].

---

31) Braun, Russische Dichtung im XIX.Jahrhundert, S.193f.
32) Kronasser schreibt zur Abgrenzung der Semasiologie:
"Es ist eine oft ausgesprochene Erkenntnis, daß das
wesentlichste, ja einzige Spezifikum des Menschen, die
Sprache ist, sozusagen seine hörbar gewordene Seele,
in affektiver Hinsicht ebensowohl wie in intellektu-
eller. Soweit nun die Regungen der Seele sprachlichen

Unter diesen Prämissen, d.h. unter Beachtung der grund-
sätzlichen Nähe der Wörter istina und pravda zum weltanschaulichen Fragen einerseits und der klaren Abgrenzung
des semasiologischen Blickfeldes andererseits ergeben sich
für die Auswahl der Literatur und die Wahl der Methode folgende Gesichtspunkte.
Gibt die "philosophisch bedeutsame literarische Periode"
(Lauth) in der Frage "Was ist Wahrheit?" das "große Leitmotiv" (Braun) zu erkennen, dann darf die Untersuchung
der literarischen Werke ihrer Dichter mit häufigen Verwendungen von Wörtern für 'Wahrheit, Wirklichkeit' u.ä.
rechnen. Da diese Werke aber nicht philosophisch-wissen-
schaftliche Abhandlungen sein wollen, spiegelt sich in
ihnen der lebendige Gebrauch solcher Wörter, gleichgültig,
ob sie nun im Zuge weltanschaulicher Erörterung herangezogen werden oder nicht.
Daher stützt sich die vorliegende Arbeit auf die epischen
Werke einiger bedeutender Vertreter der Epoche des 19. Jhs.,
die als "realistische Periode" von den Schöpfungen Dostoevskijs, Gončarovs, Turgenevs und Hercens bestimmt wird[33].
Die wichtigsten Werke der genannten Schriftsteller dürfen
als repräsentativ angesehen werden und bieten in der Tat
ein sehr umfangreiches Material. Zum Vergleich werden auch
einige Texte der literarischen Kritik herangezogen, weil
hier philosophisches Denken über die Wahrheit naturgemäß
Ausdruck findet, man denke nur an Belinskij, in dessen
Schriften die Begriffe Wahrheit und Wirklichkeit eine

Ausdruck finden, sind sie Gegenstand der sprachw.Semasio-
logie. Durch diese Einschränkung ist eine klare Abgrenzung
vollzogen gegen die Psychologie, allgemeine Begriffslehre,
Symbollehre und andere Disziplinen, die auf eine ganzheit-
liche Erfassung hinzielen ohne besondere Berücksichtigung
der Bindung an sprachliche Symbole (Lautformen, Wörter)!"
Handbuch, S.77.
33) Vgl. Stender-Petersen, Geschichte der russischen Literatur, II, S.189ff.

wichtige Rolle spielen[34]. Eine weitere Ausdehnung auf
die literaturkritische und eigentlich philosophische Literatur würde den Rahmen der Arbeit sprengen und vermutlich
keine neuen Gesichtspunkte ergeben.

Bezüglich der Bedeutungen der beiden Wörter und ihrer Ableitungen in der aksl. und aruss. Periode und zur Begründung einer gerafften Abhandlung dieses Gegenstandes ist
festzustellen, daß die Grundbedeutungen beider Lexeme sich
von der aksl. über die aruss. bis hin zur russ. Literatur
des 19. Jhs. kaum wesentlich gewandelt haben. Bildlich gesprochen wirkt die Parallelität der beiden Wörter für 'Wahrheit' wie eine Waage im Gleichgewicht oder wie Kraft und
Gegenkraft, so daß die Bedeutungen sehr konstant bleiben.
Eine Ausnahme bildet der Zuwachs an Spezialbedeutungen des
Wortes pravda im Aruss.. Von dieser Entwicklung abgesehen,
bleibt das Gleichgewicht von istina und pravda im Rahmen
der Polarität 'Wahrheit-Wirklichkeit' und 'Wahrheit-Gerechtigkeit' ungestört.

Ein weiterer Grund für die Kontinuität der Bedeutungen unserer Wörter ist die Tatsache, daß sie wesentlich religiös
geprägt sind und in Jahrhunderten durch die unbestrittene
geistige Macht der Kirche unverändert tradiert wurden. Die
modernen Bibelübersetzungen halten noch heute an dem altertümlichen Gebrauch fest. Erst die Loslösung des Denkens von
der religiösen Verwurzelung und der Beginn einer säkularen
Verwendung der biblischen Begriffe konnten das Gleichgewicht verändern. In der aksl. und aruss. Zeit kann davon
wohl noch keine Rede sein.

Für das Altkirchenslavische werden die Evangelientexte mit
allen vorhandenen Belegstellen herangezogen. Weitere Beispiele aus den übrigen Texten stützen sich auf die entsprechenden Indices oder Wörterbücher. Im Altrussischen beschränke ich mich auf das Ostromir-Evangelium und das von
Sreznevskij dargebotene Material.

34) Stender-Petersen, a.a.O., S.202ff.

Die Ausführungen über die Bedeutungsgeschichte der griech. Wörter ἀλήθεια und δικαιοσύνη dienen dem Verständnis der Zusammenhänge zwischen den ersten belegten Bedeutungen der slav. Wörter und denen der griech. Vorlagen, gehört es doch zur Aufgabe der vorliegenden Arbeit, den Zusammenhang des geschichtlich überlieferten Wahrheitsbegriffes mit den Bedeutungen der slav. Wörter für 'Wahrheit' zu zeigen. Bei der Untersuchung der Bedeutungsbeziehungen im 19. Jh. gehe ich ausschließlich von den Texten aus, die oben angeführt wurden. Das Material der Wörterbücher dient dabei zum Vergleich. Die hier mehr oder weniger ausführlichen Angaben lassen immer wieder das Schema erkennen, unter dem die Unterschiede von istina und pravda schon im Altkirchenslavischen begriffen werden können, d.h. die Polarität von Wahrheit als 'Wirklichkeit' und als 'Gerechtigkeit', um nur die äußerste Spannweite zu markieren, in die sich die Bedeutungen der beiden Wörter einfügen.

Im Zuge der vergleichenden Untersuchung bieten sich methodische Maßnahmen an, die zu den üblichen Verfahrensweisen der Semasiologie gehören: Der Blick auf konsoziative Verbindungen[35], das Mittel der Substitution und die Bestimmung der Bedeutung vom Gegenteil her[36]. Unter den konsoziativen Verbindungen sind die verbalen am aufschlußreichsten, während die nominalen (z.B. "pravda i dobro") zur Unterscheidung von istina und pravda weniger beitragen. Verbal nenne ich die häufig wiederkehrenden Verbindungen unserer Wörter mit bestimmten Verben. Der Ausdruck 'die Wahrheit sagen', in dem grammatisch gesprochen, 'Wahrheit' in untergeordneter Funktion auftritt, ist fester als die Verbindung 'das Gute und die Wahrheit', wo wir eine Beiord-

---

35) Sperber, Einführung in die Bedeutungslehre, S.1-11. Derselbe, Zeitschrift für das deutsche Altertum, 1959, S.63ff.
36) Vgl. Ullmann, Grundzüge der Semantik, S.181 (zu den Konsoziationen), S.102ff. (zu Substitution und Antonymie), Kronasser, Handbuch der Semasiologie, S.138f.

nung finden. Die verbalen Konsoziationen charakterisieren
die Bedeutungen von Wörtern für 'Wahrheit' schon bei den
Griechen und Juden in besonders bezeichnender Weise. Ob
Wahrheit erkannt, gewußt, gesagt, getan wird oder sogar geschieht, - jede dieser Verbindungen wirft ein bezeichnendes
Licht auf das jeweils betroffene Wort für 'Wahrheit' und
trägt zur Bestimmung der Bedeutungen bei.
Ullmann nennt die Methode der Substitution die "einfachste".
Durch sie stelle sich heraus, "welche erkenntnis- und gefühlsmäßigen Unterschiede sich ergeben, wenn ein Homoionym
in verschiedenen Verbindungen durch ein anderes ersetzt
wird"[37]. Diese von der strukturalistischen Wortinterpre-
tation bestimmte Methode kann bei den Wörtern der seelischen
Sphäre nur sehr bedingt angewendet werden, weil die individuellen Bedeutungsnuancen in ihrer für die Allgemeinheit
unkontrollierbaren Verschiedenheit eine genaue Bestimmung
der gefühlsmäßigen Unterschiede äußerst erschweren. Zudem
könnte im Falle von istina und pravda nur ein Russe diese
Methode mit größerer Aussicht auf Erfolg anwenden, der die
gefühlsmäßigen Komponenten der Wörter für 'Wahrheit' am
besten "nachfühlen" kann. Wir versuchen dennoch, wenigstens
zur Bestimmung des begrifflichen Inhaltes auch diese Methode zu nützen.
Produktiver und bei Wörtern für 'Wahrheit' naheliegender
ist die Bestimmung der Bedeutungen von Gegenbegriffen her.
Der Gegensatz zur pravda-Wahrheit läßt sich prinzipiell
auf einer positiven und einer negativen Ebene finden. Gegensatz im Positiven sind die Bedeutungen von istina oder
anderer Synonyme, im Negativen die Bedeutungen der Wörter
für 'Lüge' und 'Unwahrheit'. Die Beobachtung der Gegensätze
(oder Übereinstimmungen) gehört zum wichtigsten methodischen Ansatz einer Arbeit über konkurrierende Synonyme.

---

37) Ullmann, Grundzüge der Semantik, S.102.

22

B. ISTINA UND PRAVЬDA IM ALT-KIRCHENSLAVISCHEN UND ALT-RUSSISCHEN

I. Zur Bedeutungsgeschichte der griechischen Vorlagen für die slavischen Wörter istina und pravЬda

Die aksl. Literatur ist im wesentlichen Übersetzungsliteratur. Als Vorlage dienten frühchristliche Texte, unter denen die Evangelienhandschriften den wichtigsten Platz einnehmen.

Die Schreiber des Neuen Testamentes waren hellenistische Juden, "die in orientalischer Tradition wurzelten und für die das Alte Testament die unbezweifelte Offenbarung aller Wahrheit der Erkenntnis und des Tuns war"[38]. Diese griechisch gebildeten Juden lasen das Alte Testament nicht in der hebräischen Originalsprache, sondern in der griechischen Übersetzung. So kam es, daß das von ihnen geschriebene Neue Testament in griechischer Sprache Begriffsbildungen der Juden und der Griechen verknüpfte, denn die griechischen Wörter nahmen durch ihren Gebrauch in der Übersetzung des hebräischen Alten Testamentes neue Bedeutungselemente an, die sie im griechischen Neuen Testament bewahrten.

Für unsere Fragestellung ist der durch diese Verknüpfung von griechischem und jüdischem Denken entstandene Wahrheitsbegriff von Interesse. In der Sprache des Neuen Testamentes, speziell im Wort ἀλήθεια , verbinden sich zwei verschiedene Wahrheitsbegriffe zu "spannungsreicher Einheit" (v.Soden). Vertreter dieser ursprünglich ent-

---

38) v. Soden, Was ist Wahrheit, S.10.

gegengesetzten Auffassung von Wahrheit und Wirklichkeit
sind Jesus und Pilatus[39].

Der Blick auf die biblische Verwendung von ἀλήθεια und
δικαιοσύνη ist zum Verständnis der aksl. Wörter für 'Wahrheit' um so wichtiger, als wir keine anderen als die religiösen Texte besitzen. Durch die Übersetzung von ἀλήθεια
und δικαιοσύνη wird den Slaven das Erbe des geschichtlich
gewachsenen Wahrheitsbegriffes übermittelt, indem ihre Wörter für 'Wahrheit' ganz bestimmte biblisch-religiöse Be-
deutungsinhalte an sich ziehen.

1. Αλήθεια [40]

a) Αλήθεια im griechisch-philosophischen Sinne

Das griech. Verständnis der Wahrheit bricht mit dem "unbe-
fangenen Realismus orientalischer Tradition" und bedeutet
den "Fortschritt zur erkenntniskritischen Fragestellung
als der Grundfrage"[41]. Da der Grieche die Wahrheit 'sieht'
(die Wahrheit als 'das offen Daliegende, nicht Verheimlichte'[42]), verbindet sich ἀλήθεια mit den Verben der
Wahrnehmung und der Mitteilung, nicht aber mit denen des
Tuns. Dennoch meint ἀλήθεια ursprünglich nicht eine Aussage über die Wahrheit, nicht die "Qualität eines Urteils",
sondern "ein erkanntes und ausgesagtes S e i n und somit
gerade das Sein an sich, das Sein als solches". In diesem

---

39) Wahrheit und Wirklichkeit gehören im griech. und jüd.
Denken immer zusammen wie zwei Seiten desselben Ganzen.
Der Römer Pilatus stellt die berühmte Frage: "Was ist
Wahrheit?": τί ἐστιν ἀλήθεια, aksl. čьto estъ istina,
Joh. 18,38.
40) Literatur: v.Soden, Was ist Wahrheit?, Vom geschichtli-
chen Begriff der Wahrheit. Bultmann, Untersuchungen zum
Johannesevangelium,ZNW,1928,S.113-163. Kittel Hrsg.,
Theologisches Wörterbuch zum NT, I, S.233-251.
41) v.Soden, Was ist Wahrheit, S.16.
42) Zur Etymologie von ἀλήθεια vgl.Frisk, Griechisches Etymologisches Wörterbuch, I,S.71. Boisacque, Dictionnaire
étymologique de la langue grecque,S.43.- Nach W.Luther,
"Wahrheit" und "Lüge" im ältesten Griechentum, dürfen
wir nur die etymologische Bedeutung 'Unverborgenheit'
ansetzen, a.a.O.,S.12.

Sinne bezeichnet ἀλήθεια zunächst den gerade zur Rede stehenden Sachverhalt, woraus folgt, daß es unzählig viele Wahrheiten gibt.

Die Vorlagen für istinʰnъ ἀληθής und ἀληθινός bezeichnen die Wirklichkeit und Echtheit dessen, dem sie beigefügt sind als wirklich vorhanden, "wirklich der Norm des Begriffes entsprechend", und von hier aus meinen sie auch die "Qualität einer wahren Aussage" oder eines wahrhaftigen Menschen.

Dann wird aber in der griechischen Philosophie das Wort ἀλήθεια zum Begriff "des Seienden im absoluten Sinn, des Wesens, der Natur der Dinge"[43]. So verstanden geht es nicht mehr um viele Wahrheiten, sondern um die Wahrheit als "Leben", "Tugend" und "Können". Wahrheit als "erkanntes Sein" vereinigt "absolute Wissenswahrheit" mit "absoluter Wahrhaftigkeit" (v.Soden, S.17) und erschöpft sich nicht im theoretischen Interesse, meint zwar ein "Wissen vom Sein"[44], aber Wissen in lebendiger Verbindung mit dem Sein, also "das Sein in seinem Vollzuge" (v.Soden, S.18) und dadurch Wirklichkeit[45].

b) Αλήθεια im Sinne des hebräischen אֶמֶת [46]

Im Unterschied zu den Griechen, für die Wahrheit Wissen und Erkenntnis ist, meint hebr. אֶמֶת, welches in der griech. Bibel vorherrschend mit ἀλήθεια übersetzt wird,

---

43) v.Soden, Was ist Wahrheit, S.17.
44) Derselbe, a.a.O., S.18.
45) "Aristoteles setzt πρᾶγμα, das griechische Wort für Tatsache, gelegentlich geradezu gleich mit ἀλήθεια. Eben dies charakterisiert das griechische Denken, daß ihm das richtig Gedachte wirklich i s t, also das vernünftige Denken der Maßstab des Seins, das entscheidende Mittel der Seinserkenntnis wird."
v.Soden, Was ist Wahrheit, S.16.
46) Zur Etymologie vgl. Kittel, Theologisches Wörterbuch zum NT, I, S.233. v.Soden, Was ist Wahrheit, S.12. Gesenius, Hebräisches und aramäisches Handwörterbuch.

'Wahrheit und Treue' in einem Begriff. Bestimmend für dieses durch die Übersetzung des hebr. Alten Testamentes ins Griechische (LXX) auch dem Wort ἀλήθεια mitgeteilte Bedeutungselement ist, daß Wahrheit "das Verhalten einer Person zur anderen mit seinen Wirkungen" meint[47]. Deshalb wird diese Wahrheit nicht nur gewußt oder gesagt, sondern getan, sie geschieht[48]. Wahrheit erfüllt sich in dem Tun, das den Erwartungen, die an eine Person oder an Gott geknüpft werden, gerecht wird. Insofern ist der hebr. Wahrheitsbegriff ein geschichtlicher, weil das erwartete Handeln an seinem Ergebnis gemessen werden kann. "Wahrheit ist das, was sich in der Zukunft herausstellen wird"[49]. Wenn sich das wahrhaftige Wesen eines Menschen oder Gottes nicht durch Erkenntnis, sondern durch die Erweisung in der positiven Tat herausstellt, so daß das Gegenteil der Wahrheit nicht die Täuschung, sondern wesentlich die Enttäuschung (v.Soden, S.14) wäre, dann wird verständlich, wie dieser Begriff auch "ein ethisch Normhaftes" annehmen und 'Recht und Gerechtigkeit' bedeuten kann[50]. Diese Norm ist das erwartete Verhalten, für den Griechen das dem Sein, der Natur gemäße Verhalten. So kann ἀλήθεια zugleich den Sinn von δικαιοσύνη als der richterlichen Gerechtigkeit erhalten, ja sogar den abgeschliffenen Sinn von Rechtschaffenheit[51].

Für den Hebräer ist Wahrheit nicht Erkenntnis auf dem Grunde einer Verbindung von Wahrheit und Denken, sondern "ein Schicksal, eine Lebensführung"[52].

---

47) v.Soden, Was ist Wahrheit, S.12.
48) v.Soden, a.a.O., S.13.
49) v.Soden, a.a.O., S.14.
50) v.Soden, a.a.O., S.14.
51) Bultmann, Untersuchungen zum Joh.Ev., ZNW,1928, S.129.
    v.Soden, Was ist Wahrheit, S.17: "Auch der Grieche kann die Wahrheit tun (der Ausdruck begegnet nicht in genuin griech.Sprache), sofern er der Wahrheit = der Natur gemäß lebt, sofern die Wahrheit fördert und der Irrtum schadet, wie unendlich oft gesagt wird."
52) v.Soden, a.a.O., S.15.

Hier zeigt sich, wie אֱמֶת und ἀλήθεια einander ersetzen
können. Die Berührungsstelle ist gegeben, weil beide -
von verschiedenen Grundbedeutungen herkommend - "eine
wirkliche, Leben bedingende Norm des Verhaltens und einen
wirklichen, Leben bedeutenden Wert bezeichnen"[53].
So übertrug die Übersetzung des Alten Testamentes ins
Griechische die orientalischen Begriffsbildungen in die
Sprache Platons und Aristoteles'[54].

c)Ἀλήθεια im Sprachgebrauch des Johannes-Evangeliums[55]
Zwei Gründe sind dafür bestimmend, die Bedeutung von
ἀλήθεια im Johannes-Evangelium ebenfalls anzuführen. Ein-
mal begegnet dieses Wort hier im Vergleich zu den anderen
Evangelien besonders häufig und nimmt damit den größten
Teil der Vorlagen für istina ein[56], zum anderen gebraucht
Johannes dieses Wort in einem eigenen Sinn, so daß bei ihm
"fast alle Momente, mit denen die Tradition den ἀλήθεια -
Begriff erfüllt hat, jeweils verbunden sein können"[57].

---

53) v.Soden, a.a.O., S.18.
54) "Die Vergleichung des hebr. mit dem griech. alten
    Testament gewährt entscheidende Einsichten in die
    innere Geschichte wichtigster Grundbegriffe unserer
    Sprache, denn die Ersetzung eines bestimmten hebr.
    durch ein bestimmtes griech. Wort modifiziert den
    ursprünglichen Sinn der Wörter in jeder der beiden
    Sprachen und macht das griech. Wort zum Träger von
    Bedeutungen, die ihm von Haus aus nicht eigen sind."
    v.Soden, a.a.O., S.11. Diese Feststellung des Neu-
    testamentlers in ihrer semasiologischen Aussage (Be-
    deutungsbeeinflussung durch Übersetzung) bestätigt
    die Berechtigung und die Notwendigkeit, die Vorlagen
    für istina und pravda wenigstens in großen Zügen be-
    deutungsgeschichtlich zu beschreiben.
55) Kittel, Theol. Wörterbuch, I, S.245-248; vgl. auch
    v.Soden, a.a.O., S.20-24 und Bultmann, ZNW 1928.
56) Etwa im Verhältnis 2 : 1 bezogen auf alle vier Evan-
    gelien.
57) Kittel, Theol. Wörterbuch, I, S.246.

Der johanneische Gebrauch entstammt indirekt, d.h. über
ἀληθινός dem hellenistischen Dualismus[58]. Ἀλήθεια wird
gesagt, einmal im üblichen Sinne von 'die Wahrheit sagen',
dann aber auch als 'die Offenbarung in Worte bringen'. So-
dann wird ἀλήθεια Gegenstand des Erkennens. Dieses Erkennen richtet sich aber nicht auf "die Wahrheit (im formalen
Sinn) eines gerade in Rede stehenden Tatbestandes", wie es
der griechischen Denkweise entspricht, sondern auf die "Erkenntnis der Offenbarung". In der Offenbarung zeigt sich
der "Wirklichkeitscharakter" dieser ἀλήθεια (im Gegensatz
zu kosmologischer und soteriologischer Spekulation). Daher
bekommt das Wort die Bedeutung 'Wirklichkeit, Echtheit'.[59]

2. Δικαιοσύνη [60]

a) Δικαιοσύνη in der griechischen Tugendlehre

Die Bildung des Wortes δικαιοσύνη aus δίκη [61] hängt "mit
der kräftigen Entwicklung des griechischen Rechtsgefühls
zusammen"[62]. Die Herleitung von δίκη zeigt die enge Verbindung zwischen juridischer, ethischer und religiöser Be-
griffsbildung[63].

Δικαιοσύνη bedeutet 'Gerechtigkeit', die Eigenschaft und
Handlungsweise des δίκαιος , 'Rechtlichkeit'. Neben der
"bürgerlichen Tugend der Rechtlichkeit und Pflichterfül-
lung (Plato) faßt das Wort die Tugenden in einem Begriff
zusammen"[64].

---

58) Die Frage der Gnosis kann hier nicht behandelt werden.
    Ich verweise auf Kittel und v.Soden a.a.O.
    Zu ἀληθινός - istinnyj siehe weiter unten!
59) Alle Zitate bei Kittel, a.a.O.
60) Die kurze Zusammenfassung stützt sich auf Kittel,
    a.a.O., II, S.194-214.
61) Zur Etymologie vgl. Kittel, a.a.O., S.184,194,182.
62) Kittel, a.a.O., S.194.
63) Δίκη , 'das Recht' ist nicht nur eine juristische,
    sondern auch politische und ethische, "in erster
    Linie aber zentral religiöse Größe." Kittel, a.a.O.,
    S.194.
64) Kittel, a.a.O., S.194f.

b) Δικαιοσύνη   im Sinne des hebräischen צְדָקָה[65]
Ähnlich dem Wort für 'Wahrheit' ist das hebr. Wort für
'Gerechtigkeit', das durch δικαιοσύνη in der Septuaginta
wiedergegeben wird, ein Verhältnisbegriff: "Gerecht ist,
wer Ansprüchen gerecht wird, die jemand an ihn kraft
eines Verhältnisses hat"[66]. Wir stellen hier wieder
einen wichtigen Unterschied zwischen griechischer und
orientalischer Denkweise fest. Dem hebräischen Verhältnisbegriff steht ein griechischer "Idealbegriff" (v.Soden)
gegenüber.
In der Septuaginta wird δικαιοσύνη wesentlich als 'Gerechtigkeit Gottes' gebraucht, dann auch als 'das Gott wohlgefällige Tun seines Willens'. Dieses Wort steht vielfach
neben ἀλήθεια .

c) Δικαιοσύνη in den Evangelientexten[67]
In dem von der alttestamentlichen Tradition im wesentlichen
bestimmten frühchristlichen Gebrauch des Wortes findet das
"mit Gottes Willen übereinstimmende, ihm wohlgefällige,
rechte Verhalten des Menschen, die Rechtschaffenheit des
Lebens vor Gott" seinen Ausdruck.[68] Dieses ist fast durchweg der Gebrauch des Wortes im Neuen Testament.

---

65) Kittel, a.a.O., S.197f.
66) Kittel, a.a.O., S.197.
67) Kittel, a.a.O., II, S.199f.
68) Kittel, a.a.O., S.200.

II. Istina und pravьda in den altkirchenslavischen Handschriften

1. Istina

Die systematische Zusammenstellung aller Textstellen der
vier Evangelientexte Zogr., Mar., Ass. und Sav.[69], in
denen pravьda und istina bzw. deren Ableitungen begegnen,
vermittelt einen sehr klaren und eindeutigen Befund.
Griechische Vorlagen und altkirchenslavische Übersetzung
entsprechen einander mit großer Konsequenz. Genauigkeit
und Konsequenz spiegeln sich auch in den zahlreichen Paral-
lelstellen der Evangelientexte, d.h. in den Zusammenhängen,
die mehrmals in inhaltlicher Übereinstimmung an verschiedenen Stellen auftreten. Geringfügige Unterschiede fallen
nicht ins Gewicht, wie z.B. orthographische Varianten von
pravьda.

Zählt man sämtliche parallele Verwendungen mit, so findet
man istina rund 145 mal in den genannten Texten, 87 mal
als Übersetzung von $\dot{\alpha}\lambda\dot{\eta}\vartheta\varepsilon\iota\alpha$, 42 zur Wiedergabe von $\dot{\alpha}\lambda\eta\vartheta\tilde{\omega}\varsigma$
'wahr, wirklich, echt' (und im Sinne von $\dot{\alpha}\lambda\dot{\eta}\vartheta\varepsilon\iota\alpha$ auch
'zuverlässig, treu, beständig'), das gemeinsam mit $\dot{\alpha}\lambda\eta\vartheta\dot{\eta}\varsigma$
(7 mal) dem Ausdruck vъ istinǫ als Vorlage dient. Nur 9 mal
gibt istina andere griechische Wörter wieder, nämlich $\overset{\circ}{o}\nu$-
$\tau\omega\varsigma$ 'in der Tat, in Wahrheit, wirklich' (6 mal) und
$\dot{\alpha}\kappa\rho\iota\beta\tilde{\omega}\varsigma$ 'genau, sorgfältig' (3 mal).

Aksl. istinьnъ erscheint insgesamt 81 mal. Der griech.
Text verwendet hier $\dot{\alpha}\lambda\eta\vartheta\dot{\eta}\varsigma$ (36 mal) und $\dot{\alpha}\lambda\eta\vartheta\iota\nu\acute{o}\varsigma$ (34 mal),
welches "vielfach gleichbedeutend mit $\dot{\alpha}\lambda\eta\vartheta\dot{\eta}\varsigma$ gebraucht"
wird[70]. Einige Male übersetzt istinьnъ die griech. Um-

---

69) Codex Zographensis, Codex Marianus, Codex Assemanianus, Savvina Kniga.
70) Kittel, Theol. Wörterbuch, I, S.249.

schreibung τῆς ἀληθείας . In nur zwei Fällen dient das
aksl. Adjektiv istovъ 'wahrhaft, wirklich, echt' zur Wiedergabe von ἀληθινός und τῆς ἀληθείας [71].
Wir können nirgends eine Parallelität von istina und
pravъda feststellen, die durch eine gemeinsame griech.
Vorlage gegeben wäre. Beide aksl. Lexeme sind in den Evangelientexten klar geschieden. Dieser Befund verdeckt die
Tatsache, daß die griech. Vorlagen ἀλήθεια und δικαιοσύνη
von verschiedenen Grundbedeutungen her in der Sprache der
frühchristlichen Literatur sogar synonym werden konnten.
Die Konkurrenz und gegenseitige Beeinflussung der beiden
Wörter für 'Wahrheit' wird den Slaven also schon durch
die Übersetzung griechischer Texte implizite mitgegeben.
Parallelität und Konkurrieren, so sagten wir oben, haben
ihren Grund in dem Nebeneinander verschiedener Vorstellungen von Wahrheit.
Im Clozianus fußt istina in Entsprechung zu den anderen
Texten auf ἀλήθεια , kann aber auch ὄντως und ἀκριβῶς
wiedergeben.
Auch das Psalterium Sinaiticum folgt diesem Schema, nicht
anders der Codex Suprasliensis. Hier finden sich neben
der weitaus häufigsten Linie ἀλήθεια - istina auch
τὸ ἀληθές 'die Wahrheit'[72], ἀκρίβεια 'Genauigkeit,
Sorgfalt', ferner ἀληθῶς , ὄντως und ἀκριβῶς , alle in
okkasioneller Verwendung durch istina wiedergegeben.

---

71) Mar.Joh. 4,37 für ἀληθινός ; Sav.Joh. 15,26 für τῆς
ἀληθείας .
72) Zum Verhältnis ἀλήθεια - τὸ ἀληθές vgl. Frisk,
Wahrheit und Lüge, S.18.

2. Pravьda

Nach dem Befund in den aksl. Handschriften müssen wir
bei pravьda die Grundbedeutung 'Rechttun, Rechtverhalten,
Gerechtigkeit, Recht' ansetzen, wie es dem Wesen eines
von pravъ 'gerade, recht' abgeleiteten Wortes entspricht,
welches durchweg das ähnlich geartete griech. Lexem δικαιοσύνη übersetzt.

Pravьda als 'Wahrheit' im expliziten Gebrauch begegnet
nur im Suprasliensis.

Die einschlägigen Wörterbücher geben bald der Bedeutung
'Wahrheit', bald der Bedeutung 'Recht, Gerechtigkeit'
den Vorrang[73].

Daß der Bedeutung 'δικαιοσύνη - Gerechtigkeit' entgegen
dem verwirrenden Eindruck der Lexika die primäre Rolle
zukommt, erhärtet ein Blick auf die aksl. Texte.

Pravьda begegnet bei Hinzurechnung der parallelen Verwendungen in den Evangelien 41 mal und ersetzt durchweg die griech. Wörter δικαιοσύνη (28 mal) und δίκαιος,
δικαίως 'gerecht, rechtlich, rechtschaffen' (13 mal).
Aksl. pravьdьnъ (55 mal) steht für δίκαιος (54 mal) und
τῆς δικαιοσύνης (1 mal). Wiederum folgt nepravьdьnъ
'ungerecht' (18 mal) griech. ἄδικος (11 mal), bzw. einer
Umschreibung mit ἀδικία (7 mal).

---

73) Sadnik-Aitzetmüller, Handwörterbuch zu den aksl.
Texten: 'Wahrheit, Gerechtigkeit, Recht'.
Miklosich, Lexicon palaeosl.-gr.-lat.: ἀλήθεια ,
veritas, δίκαιον , δικαιοσύνη , iustitia.
Meyer, Aksl.-griech. Wörterbuch des Codex Supras-
liensis: δικαιοσύνη ,ἀλήθεια usw.
Vasmer, Russisches Etymologisches Wörterbuch, II:
abulg. pravьda: δικαιοσύνη ,δίκαιον , ἀλήθεια .

Aksl. pravьdьnikъ 'der Gerechte', in den Texten 28 mal
vertreten, gibt ohne Ausnahme δίκαιος wieder, das entsprechende nepravьdьnikъ steht ἄδικος gegenüber.
Schließlich ist es durchweg δίκαιος, welches den aksl.
Wörtern pravьdьničь (18 mal) und pravьdivъ (2 mal) vor-
ausgeht.
Damit ist die Bedeutung 'ἀλήθεια - Wahrheit' wenigstens
für die Evangelientexte auszuschließen, da sie sich in
der griech. Vorlage an keiner Stelle findet.
Im Clozianus folgt pravьda neben δικαιοσύνη auch dem
Wort ἐντολή 'Gebot, Auftrag, Gesetz, Vorschrift', wo-
durch das Bedeutungselement des Normativen unterstrichen
wird. Der pravьdьnikъ ist ein 'Mann der Gesetze' (ὁ τῶν νό-
μων); pravьdьnъ übersetzt τῆς δικαιοσύνης , pravьdьno
das Adverb δικαίως.
Im Psalterium Senaiticum übersetzt pravьda δικαιοσύνη und
εὐθύτης 'Geradheit, Gerechtigkeit, Ehrlichkeit'. Hier
haben wir eine schöne Entsprechung: pravъ 'gerade' und
pravьda 'Geradheit'. Folgerichtig werden δίκαιος und
εὐθύς 'gerade, aufrichtig' durch die Ableitungen von
pravьda ersetzt.
In allen bisher angeführten aksl. Texten stehen auch die
anderen von pravъ abgeleiteten Lexeme wie pravo, pravostъ,
pravota, pravyni niemals für ἀλήθεια .
Der Codex Suprasliensis rechtfertigt als einzige Hand-
schrift die Übersetzung 'Wahrheit', aber erst in zweiter
Linie nach 'Gerechtigkeit'[74].

3. Zu den Ableitungen

Es zeigte sich, daß die abgeleiteten Adjektive in Übereinstimmung mit ihren Grundwörtern die Bedeutungen der
entsprechenden griech. Ableitungen übernehmen.

---

[74] Vgl. Meyer, Aksl. - griech. Wörterbuch des Codex
Suprasliensis.

Die Adjektive pravьdьnь und pravьdivь lassen sich bedeutungsmäßig ebenso schwer unterscheiden wie griech. ἀληθής
und ἀληθινός.

Zu pravьdьnь bildete sich das Nomen agentis pravьdьnikь,
zu diesem wiederum fügt sich ein Possessivadjektiv
pravьdьničь (aus pravьdьnikь + jь) 'des Gerechten'.
Die Ableitungen treten auch in ihren negierten Formen
auf: nepravьda 'Ungerechtigkeit, Unrecht', nepravьdьnь,
nepravьdьnikь, nepravьdivь und bespravьdьnь. Das Sub-
stantiv bespravьdije 'Ungerechtigkeit, Unrecht' ist ein
Synonym zu nepravьda.
Zu istina gehört das häufige Adjektiv istinьnь. Negierte
Formen fehlen, was der Parallelität zum Griechischen
entspricht:

δίκαιος	-	pravьdьnь
ἄδικος	-	nepravьdьnь
ἀληθής	-	istinьnь
(nicht negiert)	-	(nicht negiert)[75]

Aksl. neistovь 'wahnsinnig, rasend' steht in anderer Beziehung zum Griechischen:

ἀληθινός	-	istovь
μαίνεται	-	neistovь[76]

III. I s t i n a   u n d   p r a v ь d a   i m   A l t -
r u s s i s c h e n [77]

1. Istina
Gibt Sreznevskij bei pravьda als Grundbedeutung 'pravda,
istina' an, so faßt er bei istina zusammen: ἀλήθεια ,

---

75) Gelegentlich erscheint im Russischen auch neistinnyj.
76) Zogr. Mar. Ass. Joh. 10,20.
77) Alle nicht ausdrücklich anders nachgewiesenen
    Verwendungen entnehme ich Sreznevskij, Materialy
    dlja slovarja drevnerusskogo jazyka.

dejstvitelьnostь, zakonnostь, pravda, spravedlivostь,
vernostь'. Das wirkt wie eine Übersicht aller Bedeutungs-
komponenten, die auch ἀλήθεια im Laufe der langen Entwicklung annehmen konnte. Man wird folgern dürfen, daß die
Entfaltung der kirchensl. Literatur auch die im frühchristlichen Gebrauch vorhandene Überschneidung von ἀλήθεια
und δικαιοσύνη widerspiegelt. Synonymie besteht ja gerade
in den Bedeutungen 'Rechtverhalten vor Gott, Rechtlichkeit, Treue'.

Die Beschränkung von istina auf die griech. ἀλήθεια -Bedeu-
tungen und den speziell johanneischen Gebrauch (Wahrheit
als 'Wirklichkeit, Echtheit') beginnt aber offensichtlich
sehr früh. Pravьda enthält ἀλήθεια -Bedeutungselemente,
wie wir sehen werden, schon im Altrussischen, so daß wir
hier im Vergleich zu istina nur eine Stärkung der neben
'Wahrheit' angestammten, wohl autochthon russ. Bedeutung
'Rechtlichkeit, Richtigkeit, Gerechtigkeit' konstatieren
können.

Mit dieser Entwicklung zugunsten des Wortes pravьda entfernt sich istina gleichzeitig aus dem Bereich einer den
Slaven geläufigen und wohl ursprünglichen Vorstellung von
Wahrheit. Unter Wahrheit ein 'Richtiges' und 'Rechtes' zu
verstehen, scheint dem slav. Denken eher angemessen zu
sein als die andere Vorstellung der Wahrheit als 'Existierendes, wirklich Seiendes, Echtes'.

Im Ostromir-Evangelium bewahrt sich unverändert die Über-
setzungstradition der aksl. Evangelientexte (z.B.Mt.22,16.
Mk.5,33. Joh.1,14. 1,17. 4,23.). Istina übernimmt analog
zu den aksl. Texten auch ἀληθῶς (z.B. Mt.16,33, vъ istinq.
Mt.26,73, vъ istinq. Lk.9,27, vъ istinq). Gleichermaßen
gibt istinьnъ ἀληθής bzw. ἀληθινός wieder (z.B. ἀληθής :
Mt.22,16. Joh.21,24. ἀληθινός : Lk.16,11[78].Joh.15,1. 17,3.)

---

78) Dieser Vers ist besonders interessant, weil er folgenden Gegensatz enthält: ἄδικος / nepravьdьnъ steht in
Opposition zu ἀληθινός / istinьnъ. Dadurch wird in-

Istina dient da, wo es nicht direkt religiös gebraucht
wird und nicht 'göttliche Wahrheit und Wirklichkeit' meint,
zur Bekräftigung eines wahren Sachverhaltes, heißt also
'wahrhaftig, wirklich, in Wahrheit' im Gegensatz zur Lüge
(z.B. Objaz.gr.Svjat.972g.: "vo istinu" 'wirklich';
Nest.Bor.Gl.18: "Glę; kako možetъ byti istina eže vy glte
nynję", hier wird die Wahrheit einer Äußerung in Zweifel
gezogen).
Bemerkenswert ist auch der Satz, wonach dem bösen Menschen
die istina 'verlogen, lügnerisch' ist ("istina kriva estъ",
Dan.ig.Nor.144), scheint hier doch die Wahrheit in Beziehung zum Erkennen zu treten: Der böse Mensch verkennt die
istina-Wahrheit, ihm wird sogar die Wahrheit zur Lüge.
Den bekräftigenden Sinn von 'in der Tat, wirklich' trägt
der adverbiale Ausdruck po istině (z.B. 'wirklich dienten sie Götzen und nicht dem Schöpfergott: Nest.Bor.Gl.6.;
'wirklich' hat jemand Gutes getan: Nikif.m.posl.Vlad.
Mon.69.; als 'wirklich' blaženъ, preslavyj usw. wird jemand gerühmt: Kir.Tur.39, und 'wirklich' kam er, die
Sünder zu suchen: Sl.o.razlabl.44)[79].
Zur Bedeutung 'Kapital' wurde in der Einleitung schon gesprochen. Stang schreibt dazu: "Autrefois le mot istina
a eu aussi le sens de capital, somme d'argent comptant
(plus tard: istinnik). Le mot isto avait également en
vieux russe le sens de capital, somme d'argent comptant;
istec signifiait créancier; partie (en parlant d'un
procès)."
In seinem Lösungsvorschlag zu slav. istъ bringt Stang die
Entwicklung des deutschen Wortes "eigentlich", welches
ursprünglich 'im Besitz habend' meint und heute zu 'wahr'

---

    direkt die bedeutungsmäßige Verwandtschaft von
    und ἀληθινός offenbar, eines von vielen Anzeichen für
    die Parallelität der beiden Vorstellungen der Wahrheit.
79) Die Abkürzung der Quellen folgt Sreznevskij.

abgeschwächt ist. Dieselbe Entwicklung sieht Stang bei
istъ: von ("originairement") 'propre' zu 'véritable, vrai,
authentique'[80]. Nach dieser Erklärung könnte istina
ursprünglich etwa 'das Eigene' bedeuten[81]. Die istina-
Wahrheit könnte dann in einem frühen slav. Verständnis
durchaus als 'Eigentlichkeit' (d.i. Wirklichkeit) aufge-
faßt worden sein. Sie würde so der biblischen ἀλήθεια
nahe kommen.

2. Pravьda

Im angestammten religiösen Gebrauch des Wortes pravьda
können wir die δικαιοσύνη -Bedeutung, wie sie in die aksl.
Texte eingeht, auch für das Altrussische ansetzen. Dabei
ist es ungünstig, diesen frühchristlichen Begriff des
Rechtverhaltens in die Komponenten 'Wahrheit', 'Tugend',
'Gerechtigkeit' zu zerlegen, wozu Sreznevskij leicht ver-
leitet[82]. Alle diese Elemente sind untrennbar zu einem
Ganzen verbunden. Schon im Aruss. sehen wir uns bei pravьda
einem komplexen Bedeutungsgefüge gegenüber, aus dem man
Einzelbedeutungen kaum abtrennen kann, ohne die Bedeutung
des Wortes im ganzen mißzuverstehen.
Liegt im Aksl. das Gewicht noch auf 'Gerechtigkeit', so
tritt spätestens im Aruss. 'Wahrheit' gleichwertig daneben.
Das Ostromir-Evangelium vermittelt die griech. Vorlagen
ebenso wie die aksl. Übersetzung. Pravьda gibt ohne Ausnahme δικαιοσύνη wieder (z.B. Mt.3,15. 6,33. Joh.16,8.
16,10.) und δίκαιος (z.B. Mt.20,4. 20,7.). Pravьdьnyj
folgt δίκαιος (z.B. Mt.5,46. 13,43. 13,49. Mk.6,20. Lk.1,6.).

80) Stang, L-adjectif slave istъ, NTS 15/1949, S.345-347.
82) Vgl. die slav. Entsprechungen im Poln., Čech., Skr.
    und Slov.
82) Ostr.Ev.Mt. 4,6 übersetzt er mit 'pravda, istina',
    Ostr.Ev.Joh. 16,8 dagegen mit 'dobrodetelь, dobrye
    dela, pravednostь'; δικαιοσύνη in den Evangelien ist
    immer die e i n e göttl. Gerechtigkeit und das
    e i n e entsprechende menschliche Rechtverhalten.

Eng an den Bedeutungskern 'Rechtverhalten' sind die anderen
Verwendungen gebunden, die eine 'Wahrhaftigkeit' bezeichnen,
welche sich im Handeln und Reden äußert[83], z.B. soll die
'Wahrheit' furchtlos gesagt werden (Sbor. 1076g. 1.32.).
Etwas "vъ pravъdu" tun oder sagen gilt als Garantie und
Verpflichtung und schließt Betrug aus (Dog.gr.Jur. sъ Mich.
Jar. i Novg. 1318g.). Liebe und Frieden werden durch einen
Schwur "vъ pravъdu" bekräftigt (Prip.gram.Gerd. 1264g.).
Die Verpflichtung der Aussage auf Zuverlässigkeit bekommt
ein noch größeres Gewicht, wenn die 'Wahrheit' eine "Božija
pravъda" genannt wird, z.B. "skažite vъ Božьju pravdu..."
(Prav.gr.Therap.mon.i.kr.Juž.v. 1485-1505g.).
Die Tugenden der Weisheit, des Mutes, der Keuschheit und
der Liebe zum Nächsten und zu allen werden zusammen mit
pravъda genannt (Izb. 1073g.60. und Gram.Theogn.m.Cerv.
Jar. do 1353g.).
Gegensatz zu pravъda ist die Gewalttätigkeit und die Ge-
winnsucht, die Habgier (Izb. 1073g.62.), und das Fehlen
von pravъda führt zum Bürgerkrieg (Pskov.I.1.6370g.).
Pravъda ist eine Eigenschaft des tapferen und klugen Herr-
schers (Sbor. 1414g. 65.).
Die zahlreichen Spezialbedeutungen, die Sreznevskij angibt,
dürften sich auf dem Boden dieses religiös-ethischen Ver-
hältnisbegriffes (Wahrheit als das rechte Verhalten anderen gegenüber) gebildet haben.

---

83) Das Sagen der Wahrheit eignet ursprünglich der griechischen ἀλήθεια - istina - Wahrheit. Aruss. pravъda
wird auch gesagt und im wahrheitsgemäßen Handeln auch
getan; vgl. solche Wendungen, die eine Beziehung der
Wahrheit zur eigenen Person oder zu anderen zum Ausdruck bringen: "pravъdu dati" 'sich gerecht verhalten'
(Gram.Riz.ok. 1300g.). vъ pravъdu iměti" 'sich gerecht
verhalten' (Ip.1. 6656g.), "zaterjati pravъdu" 'den
guten Ruf verlieren' (Voskr.1. 6792g.).

Sie gehören dem Bereich des Rechtswesens an, das seinen Niederschlag am ausdrucksvollsten in den pravьdy-leges der Pravьda Russkaja[84] gefunden hat. Da diese juristischen Denkmäler "die lebendige russische Sprache fast ohne Beimischung kirchenslavischer Elemente darstellen"[85], können wir annehmen, daß im Russischen das Wort pravьda ursprünglich ein Rechtsbegriff gewesen ist. Die Bedeutung 'Wahrheit' hätte das Wort demnach durch die kirchenslavische Überlieferung angenommen, in der wir bei pravьda beide Bedeutungen zugleich feststellen. Bei Sreznevskij finden wir z.B. folgende Verwendungen von pravьda aus dem Rechtsleben:

'Verordnung':	"Taja pravda jestь Rusi izь Smolьneska do Gočkogo berega." (Smol.gr. 1229g.).
'Gesetz':	"Pravda ustavlena Rusьskoi zemli..." (R.Prav. ohne nähere Angabe).
'Vertrag':	"A ta pravda estь promězi vasь i nasь..." (Gram. 1284g.).
'Recht':	"Rotě sьdь, svoju pravdu vьzmutь." (Mir.gr.Novg. 1199g.).
'Gericht':	"Zakonь otь mene izydetь i sudь moi sьvětь stranamь; približaetsja skoro pravda moa." (Ilar.Zak.Blag., Prib.tv.ot II.238.).
'Gerichtskosten':	"A eždy i pozovy otь Orleca do Matigorь dvě bělki,..., a na pravdu vьdvoe." (Ust.Dvin.gr. 1397g.).
'Zeuge':	"...I sudьi sprosili pravdy Timotheja." (Prav.gr.Nik.Kor.mon. 1571g.).
'Beweis':	"Kotoroi čelověkь...i totь mlьvitь: to u mene svoe roščenoe, ino pravda dati, kakь čto sja roščenoe." (Novg.zap. d. 1477g.).

Zusammenfassend können wir feststellen, daß aus dem ethischen Grundelement von pravьda eine Fülle von Einzelbedeutungen hervorgehen, die das Rechtsleben erfordert. Der Ansatzpunkt ist wohl die Bedeutung 'Rechtlichkeit', die durch die kirchensl. Beeinflussung leicht religiöse Züge annehmen kann, da bei den Slaven wie bei allen Völkern Recht und Religion ursprünglich untrennbar sind. Dann findet der christ-

---

84) Vgl. Pravda Russkaja, Bd. I, hrsg. vom Institut istorii akademii nauk SSSR, Moskau-Leningrad 1940.
85) Trautmann, Die slav. Völker und Sprachen, S.169.

lich geprägte δικαιοσύνη -Begriff in pravъda auch die beste Entsprechung. Der juristische Terminus pravъda im Altrussischen institutionalisiert das freie Handeln von Personen, nimmt Gesetzes- und Rechtscharakter an und erhält endlich sogar die praktischen Inhalte einer gerichtlichen Prozedur[86].

3. Zu den Ableitungen istinъnyj, pravъdъnyj und pravъdivyj

Ein Vergleich der Ableitungen läßt erkennen, wie fließend die Grenzen der Wortbedeutungen werden, wenn wir Wörter vor uns haben, die sich in die Bedeutungen 'wahr, wirklich, wahrhaftig, richtig, zuverlässig' usw. teilen, lassen sich doch bereits die Ausdrücke po pravdě und po istině nur schwer unterscheiden.

Die Ableitungen können bedeutungsmäßig entweder zwischen die konkurrierenden Grundwörter pravъda und istina treten und zur Verwischung der Polarität Wahrheit-Wirklichkeit : Wahrheit-Gerechtigkeit beitragen oder mehr zu den Polen tendieren und die ursprünglich klarere Unterscheidung konservieren.

Istinъnyj und pravъdъnyj nehmen im Altrussischen eine derartige Mittelstellung zwischen den Grundwörtern ein, während das seltenere pravъdivyj eine mehr extreme Stellung behauptet, indem es dem Pol 'gerecht, richtig, rechtschaffen' zuneigt. Der bedeutungsmäßige Platz der betreffenden Ableitungen kann so dargestellt werden:

a) istina	istinъnyj	pravъdъnyj	pravъda	pravъdivyj
b) ἀλήθεια	ἀληθινός nastojaščij vernyj	δίκαιος istinnyj vernyj bezobmannyj spravedlivyj pravednyj	δικαιο-σύνη ἀλήθεια	δίκαιος ljubjaščij pravdu pravednyj spravedlivyj

---

86) Vgl. die Spezialuntersuchung von Bricyn, Iz istorii vostočno-slavjanskoj leksiki, S.83-90.

Zur Erklärung: a) die Wörter im Altrussischen, b) deren
Bedeutung nach Sreznevskij.

Extrem nenne ich die Stellung von pravьdivyj, weil es mit
den bei Sreznevskij verzeichneten Bedeutungen dem δίκαιος-
Element am nächsten bleibt. Das Suffix -ivъ bringt zum
Ausdruck: "geneigt zu dem, was das Grundwort besagt"[87].
Dies meint in anderer Weise auch die Umschreibung bei
Sreznevskij: 'ljubjaščij pravdu', 'einer, der die pravda-
Gerechtigkeit-Rechtlichkeit-Rechtschaffenheit sich zu
eigen macht'. Die weiteren Bedeutungen 'pravednyj' und
'spravedlivyj' bewahren ebenfalls den Inhalt 'rechtlich,
rechtschaffen, gerecht'.

Istinьnyj und pravьdьnyj, zwischen istina und pravda stehend, verschwimmen in ihren Bedeutungen fast zur Kongruenz.
Beide meinen auch 'richtig, zuverlässig, treu' und nähern
sich auch in der Bedeutung 'wirklich' einander an. Daneben
heißt pravьdьnyj in Anlehnung an δίκαιος weiterhin 'gerecht, aufrichtig'. Der Unterschied läßt sich so formulie-
ren: 'άληθινός - nastojaščij' spiegelt das άλήθεια -
Element der 'Echtheit, Eigentlichkeit' wieder, während
'δίκαιος - bezobmannyj-spravedlivyj' das religiös-ethische
Element einer Wahrheit als 'Rechtverhalten' bewahrt. Wir
beobachten also außer der Parallelität der Grundwörter
noch ein Wetteifern dieser Ableitungen von ihnen.

---

87) Bielfeldt, Altslavische Grammatik, S.155.

C. ISTINA UND PRAVЬDA IN DER RUSSISCHEN LITERATUR DES 19. JAHRHUNDERTS

I. Istina

Das Wort istina begegnet in der russ. Literatur des 19. Jhs. in singularischer und pluralischer Verwendung und zeigt schon dadurch einen wichtigen Unterschied zu dem streng singularisch gebrauchten pravda-Begriff. Das Feld der Bedeutungen von istina reicht von der einzigen, absoluten Wahrheit über die gesuchte und erkannte Wissenswahrheit bis hin zu den vielen möglichen Wahrheiten. Damit sind drei Bereiche umschrieben, in denen das Lexem istina einen je verschiedenen Begriff der Wahrheit meint. Sieht man in diesen drei Bereichen Stufen, etwa in der Art eines hierarchischen Aufbaus, dann entspricht jeder dieser Stufen eine bestimmte Beziehung des Menschen zur istina-Wahrheit: Die oberste Stufe wird von der absoluten Wahrheit eingenommen, die dem Verstehen und Erkennen durch die Vernunft entrückt ist. Auf der zweiten Stufe finden wir die Wahrheit, der sich der erkennende Verstand und die suchende Bemühung nähern können. Unten liegt die Stufe der Wahrheiten, die man wissen oder haben kann, formulierte und mitunter auf die Ebene von Sentenzen gesunkene istiny. In dem Bild der hierarchischen Stufenordnung ist eine Vereinfachung zu sehen. Die drei Bereiche lassen sich zwar voneinander abgrenzen, aber die Grenzen verschwimmen, bilden eigentlich Übergänge, wie die Untersuchung zeigen wird. Ebensowenig darf man die Hierarchie als eine Ordnung verstehen, die einer Aussage über die Häufigkeit bestimmter Verwendungen von istina in einer Rangfolge gleichkommt. Der Vergleich mit pravda legt jedoch den stufigen Aufbau der Bedeutungen von istina nahe. Es gibt die hohe und ausschließliche istina und weniger hohe istiny mit vielen Schattierungen, dagegen prinzipiell nur eine pravda.

42

Wir beginnen die Betrachtung von istina an der Spitze der
Hierarchie.

1. Istina als absolute Wahrheit
Die absolute und höchste istina wird in religiösen und
religiös-philosophischen Zusammenhängen genannt. Das Wort
erscheint entweder undeterminiert oder mit überhöhenden Adjektiven verbunden als "Svjataja", "edinaja", "večnaja"
oder "božeskaja istina"[88].
In Tolstojs "Voina i mir"[89] sieht Pьer die 'höchste Wahrheit' bei den Freimaurern, die ihm als Menschen erscheinen,
'welche die unbezweifelbare Wahrheit wußten' (S.89). Der
Logenbruder erklärt, 'die höchste Weisheit und istina-Wahrheit' seien weder dem Verstande noch den weltlichen Wissen-
schaften zugänglich (S.81). 'Gott' und 'Wahrheit' in einem
Atemzuge nennend, versichert er, daß niemand als einzelner
zur 'Wahrheit' gelangen könne (S.79). Die Bindung von
istina an Gott wird Pьer zum Hindernis, denn er muß gestehen, nicht an Gott glauben zu können, er fühlt die Notwendigkeit, 'die ganze Wahrheit auszusprechen' ("vyskazatь
vsju pravdu", S.79)[90].
Mit dem Anspruch der Absolutheit in ihrer Göttlichkeit
begegnet istina, wenn Šatov im Gespräch mit Stavrogin
sagt, daß ein einziges Volk - das russische - durch seine
istina-Wahrheit berufen sei, allen Erlösung zu bringen[91].
Dieses Volk sei das 'wirklich große Volk', nur es allein
könne den 'wahren Gott' ("istinnyj bog") haben, könne

---

88) večnaja istina, Dostoevskij, I, 10,493. svjataja istina,
    Dost., I, 8,206. edinaja istina, Dost., I, 8,413.
    božeskaja istina, Tolstoj, II, 16,148.
89) Tolstoj, II, 5,79-89.
90) Pravda steht hier in ein und demselben Kontext neben
    istina. Die Unterscheidung fällt leicht, weil pravda
    nicht wie istina eine absolute Wahrheit, sondern einen
    wahren Sachverhalt meint, der in Worten Ausdruck findet.
91) Dostoevskij, I, 7,267.

den 'wahren Gott' ("istinnyj bog") haben, könne 'Gott-
träger' ("bogonosec") sein, denn die 'Wahrheit' sei einzig und ausschließlich ("istina odna"). Neben dem Wort
istina erscheint die Ableitung istinnyj: "Istinnyj velikij
narod", "istinnyj bog". In Dostoevskijs "extrem volklicher
Idee"[92] verbindet sich istina mit narod. Das russ. Volk
und die Wahrheit werden häufig miteinander in Beziehung gebracht, wobei pravda der adäquatere Terminus ist, insbeson-
dere dann, wenn dieses Wort ebenfalls eine höchste, göttliche und heilige Wahrheit bezeichnet. Als solche lassen
sich beide Wörter für 'Wahrheit' schwer unterscheiden.
Dostoevskij spricht z.B. auch von einer "russkaja istina"
und determiniert dieses Wort in einer Weise, die für die
'russische pravda' typisch ist. Die 'russische pravda'
meint aber eine ausschließliche Wahrheit.
'Ewig' und 'unwandelbar' ist die 'Wahrheit', in deren
Dienst ein Don Quichotte steht, wie ihn Turgenev schildert[93]. Das Wesen dieser 'Wahrheit' ist ihre Erhabenheit,
denn sie besteht absolut, d.h. unabhängig von dem einzelnen Menschen ("vne otdelьnogo čeloveka", S.173). 'Dienst'
und 'Opfer' sind die Kategorien, in denen sich die Beziehung des Don Quichotte zu der istina-Wahrheit verwirklicht.
Die dichterische Symbolgestalt bedeutet 'an sich' ("soboju")
'Glaube an etwas Ewiges, Unwandelbares, an istina', ("vera
v nečto večnoe, nezyblemoe, v istinu, odnim slovom",S.173).
Der Gegentyp zu dem Enthusiasten und Idealisten, der Skep-
tiker Hamlet, nimmt der istina-Wahrheit zwar die Erhabenheit einer zu Dienst und Hingabe verpflichtenden ewigen

---

92) Lauth, "Ich habe die Wahrheit gesehen", S.490ff.
93) Turgenev, IV, 8,171ff. - Zu den Gestalten des Don
    Quichotte und Hamlet in der russ. Literatur vgl.
    Stender-Petersen, Geschichte der russ.Literatur, II,
    S.245f.

Wirklichkeit, denn zweifelnd tritt er in jenes Verhältnis
zur Wahrheit, das vom kritisch prüfenden Verstand bestimmt
wird. Hamlet stellt die Wahrheitsfrage, Don Quichotte ver-
ehrt die Wahrheit. Hamlet würde, um mit Turgenev zu sprechen, selbst dann noch an der Wahrheit zweifeln, wenn diese sichtbar vor seinen Augen erschiene, denn wer könne wissen, ob sie es wirklich sei und ob die istina-Wahrheit überhaupt existiere, ("vedь kto znaet, možet bytь, i istiny tože
net", S.178). In seinem Skeptizismus, der keineswegs aber
die Grenzen zwischen Gut und Böse, Wahrheit und Lüge verwi-
sche, sondern im Unterschied zu Don Quichotte nur die 'Verwirklichung' ("osuščestvlenie") der Wahrheit für unmöglich
halte, werde Hamlet zu einem Vorkämpfer für die Wahrheit,
(" i tem samym stanovitsja odnim iz glavnych pobornikov
toj istiny, v kotoruju ne možet vpolne poveritь", S.183).
Istina als d i e Wahrheit erhebt sich also über den
Idealisten und den wahrheitssuchenden Zweifler, bedeutet
beiden eine absolute Wahrheit.
Die 'ewige Wahrheit' ist es, die der Held in Dostoevskijs
"Son smešnogo čeloveka" im Traum sieht[94]. Als Vision erscheint die "Istina" (bei Dostoevskij einmal groß ge-
schrieben!) mit einer erschütternden Vehemenz dem be-
troffenen Menschen. Das Traumerlebnis 'verkündet' ihm die
Wahrheit als große Offenbarung: "Vedь esli raz uznal
istinu i uvidel ee, to vedь znaešь, čto ona istina i
drugoj net i ne možet bytь, spite vy ili živete", S.427.
Und mit begeisterten Worten schildert der Held, was ihm
die Offenbarung der istina bedeutet. Gleich den wahrheitssuchenden Helden Tolstojs eröffnet sich ihm ein 'neues,
großes, erneuertes, starkes Leben' (S.427), gewinnt er

---

94) Dostoevskij, I, 10,420ff.

ein neues Lebensgefühl, erhebt er ekstatisch die Hände
und ruft die 'ewige Wahrheit' an ("ja podnjal ruki i
vozzval večnoj istine", S.439). Was er gesehen hat, über-
steigt seinen Verstand ("ja videl istinu, - ne to čto
izobrel umom", S.440).

Die sich selbst offenbarende istina-Wahrheit wird nicht
in geistiger Bemühung gefunden, sie ist unmittelbare
Schau, faszinierendes Erleben. In derselben Unmittelbarkeit, mit der ihre Offenbarung in das Leben des betroffe-
nen Menschen leuchtet, wandelt sie denselben, indem sie
ihm einen Zuwachs an Erkenntnis schenkt. Es ist die Erkenntnis von der Liebe zu den anderen, zu allen: 'Ich
liebe alle' (S.440), ("glavnoe - ljubi drugich kak sebja",
S.441.

Für unsere semasiologische Betrachtungsweise ist ein weiterer Sachverhalt aufschlußreich: Die Erzählung Dostoevskijs verwendet neben istina in der oben gezeigten Bedeutung auch pravda und istinnoe 'das Wahre'. Diese beiden Bezeichnungen der Wahrheit unterscheiden sich jedoch
in ihrer inhaltlichen Bestimmung von istina, der über-
wältigenden Wahrheitsoffenbarung. Der Erzähler berichtet
von "nečto do takogo užasa istinnoe"[95], von einer
"užasnaja pravda", die sein Herz 'geboren' habe, und
beide Wörter für 'Wahrheit' meinen hier eine schreckli-
che, furchterregende Wirklichkeit, die ihm offenbar geworden sei ("otkrovenie pravdy"). Er habe diese 'Wahrheit'
verheimlicht, nun aber werde er sie zeigen ("no teperь
dokažu i ètu pravdu", S.436). Jetzt redet er nicht von
der glänzenden istina-Wahrheit, sondern von der schreck-
lichen Wirklichkeit der gefallenen Welt und seiner Schuld.
Istinnoe und pravda stehen als Synonyma nebeneinander,
teilen mit der in ein und demselben Kontext vorhandenen

---

95) Dostoevskij, I, 10,436.

istina-Wahrheit das visuelle Element, in dem sich der
"Son" vollzieht (uznatъ, videtъ, otkrovenie)[96]. Allen
dreien eignet die Bedeutung des 'wirklich Existierenden,
Seienden', nur in qualitativer Abstufung. Istina steht
für die absolute, göttliche Wahrheit, die Leben schlecht-
hin bewirkt, istinnoe und pravda meinen eine entgegenge-
setzte, furchtbare Wirklichkeit. Beide treffen den Menschen unmittelbar, d.h. nicht auf dem Wege des vernünf-
tigen Erkennens, beide bezeichnen eine Wirklichkeit, werden aber inhaltlich verschieden bestimmt, denn istina er-
strahlt im Glanz ("slava"), während die Offenbarung der
pravda Schrecken verbreitet ("užasnaja pravda"). Allen
derartigen Verwendungen des Wortes istina bei verschie-
denem religiösen und philosophischen Bezug ist gemeinsam, daß diese Wahrheit überirdisch erhaben und der Ver-
fügung des Menschen entzogen ist. Die Sprache klingt
feierlich und bewegt sich auf hoher Stilebene.
Als Überleitung zur zweiten Stufe der Hierarchie wähle
ich eine Formulierung von Tolstoj, mit der wir den Raum
der streng singularisch gebrauchten istina-Wahrheit ver-
lassen[97]. Tolstoj schreibt, indem er pravda und istina
in eine bestimmte, einer Gleichung ähnliche Beziehung
setzt: "Pravda to, čto pravda, a ne to, čto dokazano i
pr.. Ėto iz istin istina. No pravdu, tak že kak i ètu
istinu, možno ne dokazyvatъ, no vysleditъ - prijti k nej
i uvidetъ, čto dalьše idti nekuda i čto ot nee-to ja i
pošel"[98]. Die "iz istin istina", die sich weder bewei-

---

96) Die Wahrheit 'zeigen, schauen, erkennen' oder sie
    'verbergen' ist griechische Tradition.
97) Tolstoj, Pisьmo k A.A.Fetu 1879, in: Lev Tolstoj
    ob iskusstve i literature, I, S.232.
98) In diesem Verhältnis zur Wahrheit, dem Ausgangs-
    punkt und Ziel, sehe ich eine typische Selbstin-
    terpretation der russischen Weltanschauung und

sen noch ableiten läßt, steht über einer Vielzahl von
istiny. Sie alle erreichen nicht die einzige 'Wahrheit
der Wahrheiten', zu deren Bestimmung Tolstoj nicht mehr
und nicht weniger sagt, als daß sie der pravda entspricht.
Eine so kühne und vielleicht einmalige Formulierung darf
nicht überschätzt werden, doch bestätigt sie einen wesentlichen Unterschied unserer beiden Wörter für 'Wahrheit': Istina bedarf der Steigerung, der Heraushebung,
will man durch sie einer absoluten und einzigen Wahrheit
Ausdruck verleihen. Das Wort pravda kann sich eher selbst
erklären. Die Vielheit der istiny verlangt das Bemühen
um Unterscheidung, um Erkenntnis, um Annäherung an die
'mathematische Linie', auf der d i e Wahrheit gefunden werden kann[99]. Istina als Gegenstand der Erkenntnis kann singularisch und pluralisch auftreten, so wie
es nach griechischem Verständnis beliebig viele ἀλήθεια -
Wahrheiten geben kann, die auf dem Grunde der e i n e n
seinshaften Wahrheit ruhen.

---

ihrer Vorstellung von der Wahrheit. Ich verweise hier
auf das Buch von Simon Frank, Die russische Weltanschauung, welches Tschiževskij mit einer bibliogra-
phischen Nachlese neu herausgegeben hat. Tschiževskij hebt es in seiner Bedeutung für das Verständnis
der russischen Geistesgeschichte in ihrer Verbun-
denheit mit dem europäischen Denken besonders hervor.
99) Tolstoj, Pisьmo k E.I.Popovu 1894, in: Lev Tolstoj
ob iskusstve i literature, I, S.231.
Der volle Wortlaut: "Dlja istiny estь tolьko odin
uzkij putь, uzkij kak matematičeskaja linija. Čem
bliže k ètoj linii, tem plodotvornee dejstvuet
istina. I približenie k istine inogda i daže cašče
v somnenii, v nakladyvanii tenej, čem beskontrolьnom
voschvalenii...".

2. Istina als Ziel des Erkenntnisstrebens

Der istina-Wahrheit gilt das Suchen und Streben, die Bemühung um Erkenntnis und Verstehen. Das Wort steht oft
in Abhängigkeit von Verben, die eine geistige Bemühung,
ein Streben und endlich ein Erkennen zum Ausdruck bringen[100].

Der Antrieb für das Streben nach istina-Erkenntnis kann
Naturtrieb, 'Instinkt' sein[101], kann als 'Gefühl der
Wahrheit' Teil der menschlichen Würde sein[102], kann das
uralte menschliche Streben nach Erkenntnis[103] oder auch
das methodische, erkenntniskritische Fragen sein[104].
Alle diese Antriebe können sich vereinigen in dem 'Durst
und Hunger nach Wahrheitserkenntnis', an der ein unmittelbares und lebensvolles Interesse besteht[105].
Zur Demonstration dieser Verwendung von istina dienen
die folgenden Beispiele:
In Hercens Roman "Kto vinovat?"[106] klagt Ljuba in ihrem
Tagebuch über Dmitrij, der kein Streben nach istina -
Wahrheit an den Tag lege, er scheue es, sich durch Denken zu mühen ("otčego u Dmitrija net ètoj potrebnosti do-
bivatьsja do istiny").

---

100) Beispiele: iskatь istinu: V, 9,115. II, 5,87. -
stremitsja, stremlenie k istine: II, 6,301.
VIa, 1,684. VIb, 10,315. - priblizitsja, približenie k istine: II, 16,118. Tolstoj ob isk.
i lit., I,231. - dostignutь do istiny: II, 5,79. -
istina dostigaetsja lišь mučeniem: I, 10,437. -
uznatь istinu: II, 7,175 (mehrmals). I, 10,427.
I, 8,24. I, 6,261. - soznatь istinu: I, 10,179. -
ponimanie istiny: VIb, 10,312. - postignutь
istinu: II, 16,148. - najti istinu: vgl. das
Gedicht von Puškin: "Istinna", wo die 'Wahrheit'
'gesucht' und 'gefunden' wird.
101) Dobroljubov, VIIb, 1,512. Belinskij, VIa, 2,639.
102) Belinskij, VIa, 2,633.
103) Belinskij, VIa, 1, 623.
104) Gercen, V, 9,115.
105) Belinskij, VIa, 1,621.
106) Gercen, V, 4,181.

Derselbe Dichter schreibt über Galachov in einer kriti-
schen Stellungnahme[107], dieser Mann suche ("iskal")
nicht mit bescheidener Hingabe nach der 'Wahrheit', sondern wolle ihr 'Gewalt antun' ("vynuditʹ istinu"), ziele
nur auf eine praktische, sogleich auf das Leben anwend-
bare 'Wahrheit'. Derart komme er in seiner 'launenhaften
Nachstellung' ("kapriznoe presledovanie") zu einem entsprechend minderwertigen Ergebnis, nämlich zur 'Phrase'
und zum 'Gemeinplatz' ("bitaja fraza" und "obščee mesto").
Istina-Wahrheit lasse sich aber nur methodisch finden und
in vorbehaltloser Erwartung des Ergebnisses ("istina
tolʹko daetsja metode").

Tolstojs Helden haben wie ihr Schöpfer allerdings ein
auf das Leben gerichtetes, praktisches Interesse an der
Wahrheitsfindung, suchen diese aber nicht durch ober-
flächliche oder gar 'launenhafte Nachstellung'. Ihnen
kann mitunter nach langem unklaren Streben plötzlich die
Einsicht in eine istina-Wahrheit kommen, die eine boh-
rende Frage so elementar löst, daß der getroffene Mensch
am Ende seiner geistigen Suche in der Rolle des Erlei-
denden ist (Tränen, Gefühlsüberschwang).

In dem Roman "Voskresenie"[108] erlebt Nechljudov das
Reifen und den Durchbruch eines Gedankens ("myslʹ"):
Die plötzliche Erkenntnis "predstala emu kak samaja
prostaja, nesomnennaja istina", sie erschien ihm wie
die 'einfachste, über jeden Zweifel erhabene Wahrheit'.
Unmittelbarere Erfahrung der istina-Wahrheit als ihr
gleichsam sichtbares Erscheinen gibt es nicht[109].

---

107) Gercen, V, 9,115f.
108) Tolstoj, II, 13,493.
109) Vgl. auch das Wort jasno in diesem Zusammenhang:
     "emu jasno stalo teperʹ", S.493. - vgl. Frank,
     Die russ. Weltanschauung, S.14f. über den russ. Be-
     griff der Erfahrung, als "das Aneignen der vollen
     Wirklichkeit des Gegenstandes selbst durch den
     menschlichen Geist in seiner lebendigen Ganzheit."

Die Wahrheit tritt wie die ἀλήθεια der Griechen als das
'Offenbare' sichtbar hervor, ihr Wesen ist visuell. Dem
gedanklichen Inhalt nach - istina und myslь sind aufein-
ander bezogen - gewinnt Nechljudov eine neue religiöse
Erkenntnis. Er beschäftigt sich mit den Fragen des Straf-
vollzuges und liest in diesem Zusammenhang Matthäus 18,
21-35, die Frage und Antwort bezüglich der Grenzen der
Vergebungsbereitschaft. Nechljudov gewinnt hier die Über-
zeugung von der Schuld aller Menschen, die ihnen das Recht
nehme, andere zu bestrafen. Nur diese Einsicht eröffne
eine Rettung für die leidenden Menschen.
Pьer denkt über die Bestimmung des Menschen zum Glück
nach[110]. Unglück erwachse nicht aus Mangel, sondern
entspringe dem Überfluß. Wiederum muß man in der Person des Wahrheitssuchenden einen Menschen sehen, der
nicht nur theoretisch an einer Lösung interessiert ist.
Pьer befindet sich als Gefangener auf dem französischen
Rückzug, er leidet tatsächlich Mangel an materiellen Gü-
tern. Und dann heißt es: "No teperь, v èti poslednie tri
nedeli pochoda, on uznal ešče novuju utešitelьnuju istinu -
on uznal...", und es folgt die Formulierung dieser neuen,
tröstenden istina-Einsicht: Glück und Freiheit, Unglück
und Gefangenschaft seien - als subjektives Erleben - sehr
relativ, die Grenzen dieser beiden Bereiche einander sehr
nah. Die weitere Entfaltung dieses Gedankens wird von
mehrmaligem "on uznal" begleitet, einer für istina ganz
bezeichnenden Konsoziation, in der sich gemäß dem Wort-
sinn von uznatь erkennen, erfahren und erleben ver-
schlingen.

---

110) Tolstoj, II, 7,175.

Noch ein drittes Beispiel von Tolstoj zeigt uns istina
in dieser Verwendung. Wieder korrelieren istina und
mysl[111]. Dem Nechljudov des "Utro pomeščika" kommt ein
'erleuchtender Gedanke' ("prišla jasnaja mysl"), mit
ihm gelangt er zu einem neuen Verständnis der Beziehungen
der Liebe, des Guten, der Wahrheit und des Glücks zueinander. Die knappe Formulierung dieses Gedankens beschränkt
sich auf die Worte: 'Ich muß folglich gut handeln, um
glücklich zu sein'. Was Nachljudov erkannt hat, nennt er
eine 'völlig neue istina-Wahrheit' ("soveršenno novaja
istina").

Die bisher behandelten Verwendungen von istina zeigen
dieses Wort zwar auch in singularischem Gebrauch, und
wirklich bedeutet istina hier ebenfalls 'Wahrheit' in
hohem und feierlichem Sinne; dennoch läßt sich ein Unterschied herausarbeiten: Es geht nun nicht mehr um
d i e Wahrheit, sondern um verschiedene, näher bezeich-
nete Wahrheiten. Diese können 'völlig neu', 'ganz einfach', 'unbezweifelbar' und 'tröstend' sein. Ein zweiter Unterschied liegt darin, daß die Wahrheit in ein
Verhältnis zum Denken tritt. Ebenso wie das Denken sich
verschiedenen Objekten zuwenden kann, werden ihm verschiedene istina-Erkenntnisse möglich. Die einzige und
absolute Wahrheit entzieht sich aber dem denkenden Verstand[112].

Die Determination von istina in den genannten Beispielen
ist zweifach: unmittelbar lexikalisch und mittelbar
durch inhaltliche Bestimmung in einem formulierten Gedanken.

---

111) Tolstoj, II, 2,393.
112) Gercen schreibt von Chomjakov, dieser Mann verwerfe
     die Ansicht, durch den Verstand ("razum") zur istina-
     Wahrheit zu gelangen, V, 9,157.

Die lexikalische Determination durch Adjektive novyj,
nesomnennyj, prostoj, utešitelьnyj bleibt formal, indem sie lediglich die erhebliche Bedeutung bekräftigt,
die der jeweils gemeinten istina-Wahrheit zukommt. Inhaltlich werden die istiny in erklärenden Formulierun-
gen näher bestimmt, z.B. in dem Gedanken, man müsse gut
handeln, um glücklich zu sein. Bei Tolstoj wird uns also nicht allein das eindrucksvolle Erlebnis einer plötz-
lichen Erkenntnis geschildert, sondern zugleich der geistige Gehalt derselben mitgeteilt. Man darf diesen Gebrauch des Wortes für typisch ansehen, denn von ihm aus
ergibt sich ein Übergang zur untersten Stufe der Hierarchie und mit dieser ein Verwendungsbereich, der von
pravda am leichtesten abzugrenzen ist.
Zunächst müssen wir auf das typische Verhältnis zurück-
kommen, in dem sich der fragende Mensch und die Erkenntniswahrheit gegenüberstehen.
Das Wort istina, so sahen wir, erscheint in Zusammenhängen, die das Verlangen nach Erkenntnis, das Fragen nach
der Wahrheit betreffen. Wir beobachten die Parallelität
zum Denken als dem Weg der Erkenntnis. Solches Denken
schließt die Beteiligung der Gefühle und des Willens
nicht aus[113], weil das Interesse so lebensunmittelbar
und stark, der Antrieb kräftig und das Fragen grenzen-
los ist. Ein Wort Belinskijs fügt istina eindrücklich
in das unauflösliche Geflecht von Fragen, Forschen und
Suchen. Er schreibt von einer "toska po istine", einem
"stremlenie k istine", einem "istinnyj skepticizm", ja

---

113) Man beachte, daß sowohl der "lächerliche Mensch"
     als auch die Helden Tolstojs bei ihrer Erfahrung
     der Wahrheit zutiefst erschüttert werden (Tränen,
     Gefühlsüberschwang).

von einer "boleznь kak golod i žažda"[114]. Ausgehend von
seiner Zeit, die 'ganz Frage', 'ganz Streben' sei, blickt
er zurück auf die Anfänge dieses Fragens in Griechenland
und faßt zusammen: "I, odnakož, čelovek vsegda stremilsja
k poznaniju istiny; sledovatelьno, vsegda myslil, issle-
doval, poverjal"[115]. Oder an anderer Stelle, ebenfalls
istina und myslь verbindend: "Naše vremja alčet ubeždenii,
tomitsja golodom istiny. On gotovo prinjatь vsjakuju
živuju myslь"[116].

3. Istina als geistiger Besitz

Wenn Wahrheitserkenntnisse formuliert werden, kann eine
neue Beziehung zu ihnen bestimmend werden, nämlich die
des Wissens, des Habens und des Nützens der Wahrheit.
Der Offenbarung und Erleuchtung bei Pьer und Nechljudov
folgt die Formulierung der Wahrheit, die Einbeziehung
der neuen Erkenntnis in das Leben. Dadurch verlieren die
istina-Einsichten nicht ihren Wert, antworten sie doch
auf ein wirkliches Fragen, stillen sie doch den 'Hunger
und Durst nach Erkenntnis'.
Erhabene Wahrheiten als geistiger Besitz sind z.B. die
"večnye istiny" in der religiösen und philosophischen
Sprache. Weiterhin zählen zu ihnen die "duchovnye istiny",
in die man durch Tradition und Erziehung hineinwachsen
kann[117].
Tolstoj will in einer Erzählung 'zwei grundlegende, im
Christentum offenbar gewordene Wahrheiten' erläutern[118].
Weniger erhaben sind die richtigen Erkenntnisse, die
nützlichen und notwendigen Wahrheiten, wie sie z.B. in

114) Belinskij, VIa, 1,623 u. 684f.
115) Belinskij, a.a.O., S.623.
116) Belinskij, a.a.O., S.621.
117) Tolstoj, II, 9,422 u. II, 16,137.
118) Tolstoj, II, 12,286. - vgl. auch den Titel eines
     Buches von Strachov: "O večnych istinach" 1887.

einem literarischen Werk den Lesern vermittelt werden[119].
Solche Wahrheiten können auch zum Allgemeinbesitz gewordene richtige Ansichten sentenziöser Art sein. Ihre
Herkunft aus einer Wahrheitserkenntnis verbindet sie mit
der allen istiny gemeinsamen Grundbedeutung des 'wirklich Seienden, Existierenden', aber die Tatsache des Ge-
meinbesitzes, der unreflektierten Übernahme mindern ihren Wert.

In Gončarovs Roman "Obyknovennaja istorija"[120] macht
sich Petr Ivanyč als lebenserfahrener Pragmatiker zum
Sprecher einer solchen allgemein bekannten Wahrheit. Die
Arbeit ("delo") sei der Liebe vorzuordnen, belehrt er
seinen Neffen; so sei es schon immer richtig gewesen
("ėto byla vsegda pravda"), man habe das nur nicht ein-
sehen wollen. Nun aber habe dieser richtige Sachverhalt
den Charakter einer 'allgemein bekannten Wahrheit' angenommen ("ėto sdelalosь obščeizvestnoj istinoj"). Das
bedeutet doch: Die immer schon vorhandene, selbstver-
ständliche Beurteilung einer Frage sei zu einem allgemein anerkannten Wahrheitssatz geworden. - Wichtig ist
hier die Gleichzeitigkeit der Verwendung von istina und
pravda, deren Unterschied sich so beschreiben läßt:
pravda bezeichnet den richtigen Sachverhalt, wie er
schon immer gegeben war, istina hingegen reflektiert
seinen (schon immer vorhandenen, seienden) Wahrheitsge-
halt in einer Abstraktion[121].

Wahrheiten in der Art geistiger Besitztümer können sen-
tenziösen Charakter annehmen[122][123]. Im Grunde behalten

119) Belinskij, VIb, 10,326.
120) Gončarov, III, 1,264.
121) obščeizvestnyj ist eine typische Determination für
      'Wahrheit als geistiger Besitz', also eine Wahrheit
      des Wissens und entspricht der abstrakten istina eher
      als der "lebensvollen" pravda-Wahrheit.
122) Tolstoj, II, 8,291.
123) Dostoevskij, I, 5,16.

sie aber einen Abglanz von der höchsten, absoluten istina-
Wahrheit[124]. Dieses Wort gehört immer der stilhohen Sprache an.

II. P r a v d a

Das Wort pravda unterscheidet sich auf den ersten Blick
von seinem Synonym durch den streng singularischen Gebrauch[125]. Dieses Faktum deutet bereits an, daß es um
ein Wort mit einem geschlossenen, ganzheitlichen Charakter geht. In einer überspitzten Formulierung könnte man
sagen: Prinzipiell sind beliebig viele istiny denkbar
(denk-bar im eigentlichen Sinne des Wortes) aber nur
e i n e pravda. Die Vielheit der istiny spiegelt sich
in der singularischen und pluralischen Verwendung des
Wortes. Pravda schließt durch den singularischen Charakter die Vielheit von vornherein aus. Einheit heißt aber
nicht Eindeutigkeit. Die vielseitige Verwendung des Wortes pravda wird durch seine komplexen Bedeutungselemente
ermöglicht. Wir sahen, daß die beiden tragenden Komponenten schon in den älteren Sprachgeschichten in einer doppelten Auffassung der Wahrheit als 'Wahrheit-Wirklichkeit'
und 'Wahrheit-Gerechtigkeit' gründen. Jedes Wörterbuch
bringt diese beiden Elemente, nach denen pravda zugleich
'das Wirkliche und das Rechte' meint, Wahrheit als Aussage über etwas Seiendes und Existierendes und Wahrheit als
Rechtverhalten, Recht und Gerechtigkeit[126]. Die folgenden Ausführungen versuchen, die beiden Aspekte nebenein-

---

124) Dostoevskij, I, 10,441: "staraja istina". Puškin:
     "Tьmy nizkich istin mne dorože nas vozvyšajuščij
     obman, zit. in: Dostoevskij, I, 8,206.
125) In dem Wortgruppenlexem "vsemi pravdami i nepravdami"
     bedeutet pravdy 'erlaubte Mittel'; die pluralische Ver-
     wendung dürfte auf die pravdy-leges des Aruss. zurück-
     gehen.
126) Vgl. neben den einschlägigen Wörterbüchern den Aufsatz
     von Ju.S.Stepanov: Slova pravda i civilizacija v russ-
     kom jazyke, in: I.A.N. SSSR,XXXI, 2,S.165-175,Moskau
     1972.

ander und ihrer Verflechtung zu zeigen und jeweils das Verhältnis zur istina Wahrheit zu bestimmen. Aus dem Nebeneinander und der Verflechtung der Bedeutungselemente im Gebrauch von pravda ergeben sich drei große Untersuchungsbereiche: Pravda als Ausdruck des wahren und wirklichen Sachverhaltes, pravda als Ausdruck ethischen Seins und Verhaltens und pravda als religiös-metaphysische Wahrheit.

1. Pravda als Ausdruck des wahren und wirklichen Sachverhaltes

Ein wahrer Sachverhalt wird durch das Wort pravda festgestellt und bekräftigt. Dies geschieht entweder in lexikalisierten Verbindungen modaler, konzessiver oder prädikativer Art oder durch die Konsoziation des Wortes mit Verben des Sagens, weiterhin auch unabhängig von solchen Verben dadurch, daß das Wort pravda durch den Kontext in anderer Weise auf Gespräch und Rede bezogen ist.
Die erste Verwendungsart begegnet in der Literatur auf Schritt und Tritt und zeigt pravda in sehr formalem Gebrauch. In der lexikalisierten Festlegung auf bestimmte Formeln bildet sie einen Bereich, der klar umrissen ist und keine Probleme stellt.
Einige Beispiele für die modale, konzessive und prädikative Verwendung:

modal: "Da i na zapisku, p r a v d a, ja ne očenь nadejalsja" (Dostoevskij)
"P r a v d a, v ženščinach ja ničego ne znaju." (Dostoevskij)

konzessiv: "P r a v d a, on uchodil, no ja videla..." (Tolstoj)

prädikativ: "Èto p r a v d a", "P r a v d a li, čto...", "Ne p r a v d a li?"[127].

---

127) Im Skr. hat istina diese Rolle übernommen: konzessiv: istina 'zwar'. prädikativ: je li istina? 'Ist es wahr?'.

Immer erfährt dabei ein Sachverhalt oder eine Aussage eine
bestimmte Bewertung, wird in der Glaubwürdigkeit bekräftigt oder in Zweifel gezogen[128]. Bei diesen Beispielen
formaler Verwendung fällt auf, daß das Gewicht der Aussage nicht auf der 'Wahrheit', sondern auf einem anderen Objekt liegt. In dem Satz "Ja, pravda, ne znaju." bekräftigt
pravda das Nichtwissen einer Sache als 'wirklich' gegeben -
der Schwerpunkt liegt auf dem Nichtwissen. Der Satz "On,
pravda, ne doma." sagt aus, daß eine Person 'wirklich'
nicht zu Hause ist - das Gewicht liegt auf der Feststellung der Abwesenheit dieser Person. Mehr läßt sich in diesen Fällen über die 'Wahrheit' nicht aussagen, da diese
nicht Gegenstand der Feststellung, sondern nur adverbielle
Bestimmung derselben ist.
Für den Vergleich zweier Wörter für 'Wahrheit', um den es
hier geht, sind aber in erster Linie diejenigen Verwendungen semasiologisch interessant, bei denen die Wörter nominale Funktion erfüllen, d.h. in denen die 'Wahrheit' Subjekt oder Objekt ist.
In den Konsoziationen des Wortes pravda mit Verben des
Sagens erfüllt es diese Funktion. Abweichend von den adverbiellen Verwendungen und dem prädikativen Ausdruck
"Éto pravda." inhaltlich steigernd, bedeutet der Satz
"On govorit pravdu." mehr eine Äußerung der W a h r h e i t
als eine w a h r e Äußerung. Solange pravda ohne andere
Determination bleibt, fällt der Unterschied nicht so deutlich ins Auge. Lautet aber der Satz "On govorit vsju pravdu.", so rückt die 'Wahrheit' noch mehr in den Mittelpunkt.
Natürlich impliziert dieser Satz auch eine Aussage über
den Sprecher, und im Falle der pravda-Wahrheit lassen sich
Person und Aussage eigentlich nicht trennen, weil die ge-

---

128) Zu diesem nicht eigentlichen Gebrauch von pravda
     gehören auch die erstarrten präpositionalen Verbindungen vpravdu, zapravdu, vzapravdu und po pravde.

sagte Wahrheit und die gelebte Wahrhaftigkeit als Einheit zu betrachten sind[129].

Durch Adjektive wird pravda als wahrer und wirklicher Sachverhalt quantitativ oder qualitativ näher bestimmt. Determinationen wie 'die ganze, volle, vollständige Wahrheit' sind quantitativ, solche wie 'die tatsächliche, wirkliche, echte Wahrheit' qualitativ. Beide Arten der Bestimmung, deren Grenzen zueinander schwer zu definieren sind, können sich verbinden und damit die Bekräftigung der pravda-Aussage noch intensivieren.

Beispiele quantitativer Determination:

Jemand fragt: "Čto èto značit? Govori vsju pravdu!" 'Sage die ganze Wahrheit!'[130].

Aus Turgenevs Roman "Dym": Litvinov will Irina die 'ganze Wahrheit' über seine Beziehung zu ihr sagen, "on položil... skazatь ej, esli nelьzja inače, vsju pravdu."[131], und diese pravda ist nicht irgendeine belanglose Angelegenheit, sondern für Litvinov von wirklicher, existentieller Bedeutung.

Aus Dostoevskijs "Bednye ljudi": Die Bekräftigung der 'Wahrheit' wird verstärkt: "Vsje èto pravda, ..., vse èto soveršennaja pravda; ja i dejstvitelьno takov..."[132], 'Das ist wahr, das alles ist die ganze Wahrheit; ich bin wirklich so...', schreibt Makar Devuškin. Pravda wird hier neben dejstvitelьno gestellt, welches die Wahrheit der Aussage noch in adverbieller Form unterstreicht.

---

129) Dies erhellt aus vielen Zusammenhängen in der Literatur. Der Ausdruck "tvoja pravda" 'du hast recht' zeigt übrigens die enge Verbindung von Person und Wahrheitsäußerung.
130) Dostoevskij, I, 5,174.
131) Turgenev, IV, 9,252.
132) Dostoevskij, I, 1,124.

Aus den "Bratьja Karamazovy": "Da, možet bytь, i v samom
dele polnaja pravda imenno v ètich slovach!" 'Vielleicht
enthalten gerade diese Worte tatsächlich die volle Wahrheit!'. Pravda wird über die quantative Bestimmung hin-
aus neben "v samom dele" gestellt und dadurch in der Bedeutung 'wirkliche Wahrheit' verstärkt[133].

Beispiele für qualitative Determination:
Dostoevskij[134]: "Vse èto, uvy, suščaja pravda." 'Das ist
leider die wirkliche, echte Wahrheit' (im Gegensatz zur
Lüge). Das Adjektiv suščij enthält die der istina-Wahrheit
entsprechende Bedeutung des 'wirklich Seienden, Existierenden'[135].

Die 'wirkliche' und 'echte' Wahrheit wird häufig durch das
Adjektiv istinnyj ausgedrückt. Seine Bedeutung 'wahr, wahrhaftig, echt' übermittelt den Inhalt von ἀληθινός nahezu
unverändert. Das griech. Wort meint in seiner Prägung durch
den hellenistischen Dualismus neben 'einzig wirklich seiend' ein entsprechendes "Attribut menschlichen Verhaltens
oder Seins", welches durch Berührung mit dem wirklichen
Sein (d.i. dem Göttlichen) vermittelt wird[136]. Diese
Wahrhaftigkeit, welche im Wort istinnyj Ausdruck findet,
unterscheidet sich demnach ursprünglich von der pravda-
Wahrheit insofern, als letztere ein ethisch Normatives[137]
meint (Wahrhaftigkeit als Rechtverhalten), istinnyj aber
das seinshafte Verhältnis einer Person oder Sache zur Wirklichkeit ausdrückt (Wahrhaftigkeit als dem wahren und wirklichen Sein entsprechendes Verhalten). Gerade die Verbin-

---

133) Dostoevskij, I, 9,234.
134) Dostoevskij, I, 10,60.
135) Zur Etymologie vgl. Vasmer, R.E.W., III, S.54: "ksl.
     Lehnwort, zu abulg. sy, sǫsti, οὖσα 'seiend'".
136) Kittel, Theologisches Wörterbuch zum NT, I, S.250f.
137) Normativ nicht im Sinne einer erkannten Wahrheit,
     die zur Norm wird, wie bei dem ursprünglichen griech.
     Idealbegriff ἀλήθεια , sondern im Sinne einer Norm
     des Verhaltens von Personen zueinander.

dung "istinnaja pravda" verstärkt den Eindruck der Mittelstellung dieses Adjektivs zwischen den beiden Nomina für
'Wahrheit'. Der ethisch-normative pravda-Begriff nimmt
durch die Beifügung des άλήθεια -Elementes die Färbung
des Erkenntnisbegriffes an oder mit anderen Worten: Der
subjektivere pravda-Begriff erhält eine Determination
zum Objektiveren hin.
Die oft gebrauchte Verbindung "istinnaja pravda" bewirkt
zweifellos eine Veränderung von pravda im Sinne einer Bedeutungserweiterung. Sie muß dazu beigetragen haben, das
Wort istina zurückzudrängen und seine Bedeutungen auf das
konkurrierende Wort übergehen zu lassen. Wer von einer
"istinnaja pravda" spricht, meint eine bestimmte pravda,
die dem Wort istina nahekommt, diesem aber nicht genau
entspricht. Er trägt aber auch dazu bei, daß das Wort
pravda schließlich auch ohne diese Determination den Inhalt von istina ausdrückt.
Beispiele zu "istinnaja pravda":
Tolstoj[138]: Die Fürstin Marьja sagt zu Pьer, daß es in
ihrer (der napoleonischen) Zeit schwer sei, ohne die Kraft
des Glaubens zu leben und erhält die bestätigende Antwort:
"Da, da. Vot èto istinnaja pravda."
Derselbe[139]: Eine zustimmende Feststellung: "Vot, vaše
sijatelьstvo, pravda, istinnaja pravda."
Derselbe[140]: "Skažite mne, položa ruku na serdce, vsju
istinnuju pravdu."
Derselbe[141]: "I èto ne basnja, a èto istinnaja, neospori-
maja i vsjakomu ponjatnaja pravda", 'die wirkliche, unbe-
streitbare und jedem begreifliche pravda' (vom Inhalt
einer Fabel).

138) Tolstoj, II, 7,246.
139) Tolstoj, II, 6,237.
140) Tolstoj, II, 5,343.
141) Tolstoj, II, 16,108.

Dostoevskij[142]: Zustimmend und emphatisch: "Istinnaja
pravda! - ..., istinnaja pravda-s, tolьko vse russkie
sily darom k sebe perevodjat!" Oder: "Pravda? - Istinnaja
pravda."[143].

Bei Dostoevskij[144] finden wir einen Satz, in dem anstelle
der Ableitung istinnyj das Grundwort istina zur Bekräftigung des Wirklichen, Echten der pravda-Wahrheit fungiert.
Mit Bezug auf eine Rede heißt es: "Da vedь vse pravda,
neotrazimaja istina", 'alles ist pravda, unwiderlegbare
istina'[145].

Wir können zunächst festhalten: Ein Sachverhalt wird durch
das Wort pravda als wirklich und tatsächlich und deshalb
auch richtig in der Rede bestätigt[146]. Dabei werden die
Verben des Sagens verwendet, oder es besteht ein anderer
Bezug zur Rede wie z.B. "v slovach", "v ètich slovach",
oder aber die Zugehörigkeit zu einer Äußerung ist implizite gegeben, z.B. "Vse èto pravda.", wenn eine Rede vor-
ausgeht[147].

---

142) Dostoevskij, I, 6,97.
143) Dostoevskij, I, 6,329.
144) Dostoevskij, I, 10,274.
145) Vgl. andere Beispiele für istinnyj, bei denen das Adj.
    die Beziehungswörter immer als in ihrer Art 'wirklich,
    wahrhaftig' und 'echt' determiniert: istinnaja saslu-
    ga: IV, 8,172. istinnyj gidalьgo: IV, 8,186. "Nakonec
    strastь vychodilasь v nem, istinnaja pečalь prošla...":
    V, 1,147. istinnyj, celnyj chudožnik: III, 5,137. "Cha-
    rakter sereznyj i polnyj istinnogo dostoinstva": I,
    6,104. istinnaja gorestь: I, 6,188. ubeždenija istinnye:
    I, 6,656. istinnyj bog: I, 7,267. istinnyj drug: I,
    7,453. istinnaja sovestь: I, 8,194.
146) Zur Bezeichnung der Richtigkeit einer Aussage, eines
    Gedankens usw. findet sich häufig auch spravedlivyj,
    spravedlivo, spravedlivostь. Diese Ableitung verhält
    sich zu pravda ebenso wie dejstvitelьnyj, suščij,
    nastojaščij zu istina: Die beiden Vorstellungen von
    'wahr-wirklich' und 'wahr-richtig-gerecht' leben ge-
    trennt fort, aber in säkularisierter Form.
147) Istina verbindet sich nur selten mit 'sagen'. Man kann
    hier das Fehlen einer "wesenhaften Bedeutungsbeziehung"
    konstatieren, das zur Bedeutungsverengung beiträgt,
    vgl. Kronasser, Handbuch der Semasiologie, S.139.

Der Ausdruck der Wahrheit läßt sich von einem formelhaften "èto pravda" ausgehend qualitativ und quantitativ steigern. Die uns am meisten interessierende Determination ist die Verbindung "istinnaja pravda", in der wie bei den synonymen Adjektiven suščij und nastojaščij[148] der Charakter des Wirklichen betont wird. Es liegt nahe, in dieser besonderen Hervorhebung der Objektivität der Aussage oder des Sachverhaltes eine Folge der Notwendigkeit zu erkennen, die an sich subjektivere pravda-Wahrheit als objektive Wahrheit zu determinieren, dieser mehr an die Person gebundenen Wahrheit das Element der Seinsbezogenheit (Wirklichkeits- und Wahrheitsgemäßheit) zu geben. In dem von istina abgeleiteten Adjektiv istinnyj empfängt pravda dieses Moment der Objektivität, das zum Wesen der erkenntnismäßigen istina gehört. Auf diesem Wege wird die bedeutungsmäßige Annäherung der beiden Nomina beschleunigt. Das Adjektiv istinnyj wirkt vermittelnd zwischen beiden Substantiven für 'Wahrheit', wobei die Vermittlung als Bedeutungserweiterung von pravda zu verstehen ist. Bleiben wir vorerst noch beim Sagen der Wahrheit: Bezeichnend für die Eigenschaft von pravda ist eine Verschärfung dieses Sagens als 'ins Gesicht schleudern', 'an den Kopf werfen' u.ä. Wendungen und eine Bestimmung der Wahrheit als 'nackte, ungeschminkte, bittere Wahrheit'. Mit dieser Nuancierung wird eine besonders scharfe und rücksichtslose Begegnung mit einem wahren Sachverhalt zum Ausdruck gebracht. Dobroljubov begrüßt z.B. die treffenden Ausführungen eines Artikels und schreibt, daß der Verfasser der Gesellschaft die 'bittere Wahrheit' ins Gesicht schleudere, ("brosaet prjamo v lico vsemu obščestvu gorьkuju pravdu")[149]. Dieser Mann (Pirogov) habe ohne zu zögern ("ne obinujasь")

---

148) nastojaščaja pravda: z.B. I, 7, 228.
149) Dobroljubov, VIIb, 1,493.

gesagt, daß seine Zeit im Namen der 'höchsten, ewigen istiny' niedrige Interessen verfolge. (Man beachte auch hier die Gleichzeitigkeit der Wörter pravda und istina und ihre deutliche Unterschiedenheit.) Niedriger im Niveau aber ebenso unmittelbar treffend gebraucht Pigasov im Gespräch mit Rudin die pravda-Wahrheit[150]. In einem Zuge alle 'Schlußfolgerungen, Hypothesen und Systeme' ("obščie rasuždenija, gipotezy, sistemy") als wertlos bezeichnend, sagt er: "Izvinite menja, ja provincial, pravdu-matku režu prjamo..." (auch hier wie bei Dobroljubov "prjamo"!). Derselbe Pigasov wischt in diesem Gespräch die philosophischen Gedankengänge dieses "Apostels der Wahrheit" (Stender-Petersen) bei Seite und stellt als "originale Persönlichkeit" fest: "Ne znaju, kak istina, a pravda, vidno, v glaza kolet.". Die philosophische Frage ("Gde istina?") interessiere ihn nicht, aber es sei eben unangenehm, die pravda-Wahrheit zu hören[151]. Die Direktheit der Aussage ohne Rücksicht und Verschleierung, die Einfachheit und Volkstümlichkeit sind für pravda typische Eigenschaften. Pravda-Wahrheit ist unmittelbar und für jeden verständlich in anderer Unmittelbarkeit als die sich offenbarende, gleichsam in innerer Schau gesehene istina-Einsicht. Pravda wird augenfällig durch ihr unmittelbares, unwiderlegbares und nicht zu bestreitendes Vorhandensein, istina öffnet sich dem Denken, dem geistigen Sehen. Die im Wort bekräftigte pravda tritt in der Person des Sprechers sichtbar vor Augen, die gedachte oder geschaute istina begegnet dem Menschen in der Innenwelt.

---

150) Turgenev, IV, 6,260 u. 266f.
151) Weitere Beispiele: "Izvinite rezkostь moich vyraženii, no vy trebuete pravdu.", IV, 9,225. "Bes ceremonij... odnu pravdu.", VIa, 2,640. "Rešimsja vygovoritь slovo pravdy", VIIa, 2,399.

Wissen ist eine ähnlich direkte Beziehung zur Wahrheit wie
Sagen[152]. Bei der istina-Wahrheit führt das denkende Erkennen oder die unmittelbare Schau, die Vision, zum Wissen. Pravda-Wahrheit wird auch gewußt, weil sie äußerlich
sichtbar und hörbar, unabhängig von Denken und Erkenntnis-
bemühung unwiderlegbar vor Augen tritt. Äußerlich bedeutet nicht oberflächlich, sondern sichtbar (in einem wahrhaftigen Menschen) und hörbar (in seinem zuverlässigen
Wort). Die Unterschiede sind bewußt überzeichnet, um das
Kategoriale des Gegensatzes herauszuarbeiten. Der Sprachgebrauch schwächt diese Gegensätze ab. Wir stellten fest,
daß das Wort pravda eine Bedeutungserweiterung erlebt und
das erkenntnismäßige Element von istina an sich zieht.
Tatsächlich läßt der Gebrauch beider Wörter in diesem Verständnis die Herkunft von verschiedenen Grundbedeutungen
kaum noch erkennen. Einige Beispiele für pravda als Erkenntniswahrheit mögen dies abschließend demonstrieren.
Levin[153] blickt grübelnd zurück in die Vergangenheit, wo
er ein engeres Verhältnis zum Christentum hatte, zweifelt
aber an der Wahrheit seiner damaligen Situation: "On ne
mog priznatъ, čto on togda znal pravdu, a teperъ oši-
baetsja.". Wahrheit und Irrtum in der Gegenüberstellung
bestimmen pravda an dieser Stelle als 'richtige Erkenntnis'. In diesem Zusammenhang könnte wohl das Wort istina
stehen, ohne den Sinn zu verändern. - Oder: Arkadij fragt
seinen Freund Bazarov: "Da pravda-to gde, na kakoj sto-
rone?"[154] und erhält zur Antwort: "Gde? ja tebe otveču,
kak echo: gde?". Auch hier ist pravda die Wahrheit der

---

152) Die Verbindung mit znatъ gibt zur semasiologischen
Unterscheidung wenig her, weil beide Wörter für
'Wahrheit' häufig mit diesem Verb konsoziiert sind.
153) Tolstoj, II, 9,411.
154) Turgenev, IV, 8,324. - vgl. auch: "Brat govorit, čto
my pravy, - dumal on -... čto oni dalьše ot istiny."
(Eine völlig synonymische Verwendung von prav und
istina, IV, 8,249.).

richtigen Erkenntnis und richtigen Beurteilung; wer recht
hat und wo die Wahrheit liegt, wird nicht entschieden.
Denn diese pravda hat nicht den Charakter der Unmittelbarkeit der pravda-matka[155]. Im Sinne einer istina-Erkenntnis steht pravda auch in folgendem Kontext bei
Dostoevskij[156]: Das Wort pravda bildet den Gipfel einer
erstaunten Äußerung Raskolnikovs, dem der grenzenlose Le-
benswille des Menschen bewußt wird. Irgendwo habe er ge-
lesen, daß ein zum Tode Verurteilter lieber auf winziger
Felsspitze stehend, umgeben von Abgründen, allein, ewig
leben würde, als schon zu sterben. Raskolnikov schließt
mit den Worten: "Èkaja pravda! Gospodi, kakaja pravda!",
'Wie wahr ist doch dieser Vergleich!'.
In ästhetisch-philosophischem Zusammenhang - einem eigentlich ganz typischen istina-Kontext - gebraucht Gončarov
pravda in seinem Roman "Obryv"[157]. Rajskij richtet sein
künstlerisches Bemühen auf die "pravda krasoty", auf die
"ideja krasoty". In deutlicher Gegenstellung zu Kirilov
betont Rajskij, daß er die 'Idee des Schönen auf der Erde zu finden suche, während jener Asket Kirilov im Himmel nach ihr strebe (S.137). Der Künstler betont mit
pravda seine bewußte Hinwendung zur irdischen Wirklichkeit. Darin dürfte die Wahl dieses Wortes an Stelle von
istina begründet sein. Wenig später verläßt er aber schon
wieder diesen ungewöhnlichen Gebrauch des Wortes pravda,
wenn er beim Vergleich von Sophies Portrait mit der wirklichen Gestalt dieser Frau niedergeschlagen sagt: "Ach
net, ja dalek ot istiny", 'Ach nein, ich bin weit von
der istina'. Dieses 'weit von der istina' korrespondiert

---

155) Mit 'wo' fragt man häufig nach istina: "Pri voprose:
     gde že istina? on iskal..." (III, 4,461). "A istina -
     čto takoe istina? Gde ona, èta istina?" (IV, 6,266).
156) Dostoevskij, I, 5,166.
157) Gončarov, III, 5,136 u. 139.

mit der Bemühung um Wahrheitserkenntnis als Annäherung
an sie[158].

2. Pravda als Ausdruck ethischen Seins und Verhaltens

Das andere Grundelement der Bedeutung von pravda tritt in
den Vordergrund, wenn nicht die klare Sicht des Wirklichen
und sein Ausdruck in der Rede gemeint sind, sondern ethisches Sein, wenn pravda 'Wahrhaftigkeit' (im subjektiven
Sinne), 'Rechtverhalten' und 'gerechtes und richtiges
Handeln' bedeutet.
Das Sagen der pravda steht natürlich in adäquater Beziehung zum wahrhaftigen Sein, und die Bekräftigung "èto
istinnaja pravda" findet in der Person des Sprechers
ihre Garantie. Pravda wird als "einfache" Wahrheit nicht
bewiesen oder hergeleitet.
Pravda als ethische Wahrheit ist aber vom Reden unabhängig, meint ein Ruhen in der Wahrheit als dem Lebensgrund.
Diese Wahrheit verwirklicht sich weniger im Reden als im
Tun. In diesem Sinne trägt pravda die hellenistisch-bibli-
sche Bedeutung von ἀλήθεια als 'Wahrheit und Treue, Beständigkeit, Zuverlässigkeit', Inhalte also, die das Wort
istina früh abgegeben hat. Aber auch die Vorlage für pravda im Griechischen, δικαιοσύνη , das 'Rechtverhalten'
schwingt in dieser Bedeutung von pravda mit und berührt
die biblischen ἀλήθεια -Bedeutungen. Wir sehen, daß pravda nicht nur das ursprünglich griech. Bedeutungselement
der erkenntnismäßigen und wissensmäßigen Wahrheit an sich
zieht, sondern als ethisch-religiöser Begriff die Inhalte
beider Vorlagen in sich vereinigen kann, so daß dieses
russische Wort eine Synthese der Komponenten 'Rechtver-

---

158) Auch pravda kann in der Formel vom 'Guten, Wahren,
Schönen' auftreten (IV, 8,172). Dieses Wort ist aber
kein philosophischer Terminus im eigentlichen Sinne.
Die Filosofskaja Ènciklopedija der Akademija Nauk
behandelt z.B. überhaupt nicht pravda, widmet aber
dem Begriff istina zahlreiche Seiten.

halten' und 'Wahrheit-Wahrhaftigkeit-Treue' bildet.
Bei Tolstoj verbindet sich eine solche pravda mit den Wörtern "dobro", "sila" und "prostota". In diesen Begriffen
kommt das Ethos der einfachen, verwurzelten und starken
Menschen zum Ausdruck. Die reflektierenden Helden Tolstojs
wie Pьer, Levin und Nechljudov streben nach Erkenntnis der
istina-Wahrheit. Pravda im ethischen Sinne ist nicht Gegenstand der Reflexion. Diese Wahrheit wird von Menschen
gelebt und verkörpert, ist subjektive Wahrheit (als Ausdruck des objektiven Verwurzeltseins). Es ist gerade der
wahrheitsuchende, grüblerische Mensch wie Pьer[159], der
im Blick auf einfache Menschen seiner Umgebung gestehen
muß, daß er keine pravda hat. Im brennenden Moskau benei-
det er die einfachen Leute des Volkes in ihrer "pravda,
prostota i sila" und fühlt seine eigene 'Minderwertigkeit
und Verlogenheit' ("ničtožnostь", "lživostь").
Diese pravda ist Ausdruck wirklicher Größe, sagt Tolstoj
in der Beurteilung Napoleons, der trotz seiner von allen
gerühmten 'Größe' ("veličie") unendlich nichtig und klein
sei ("ničtožnostь", "neizmerimaja malostь"), denn "dlja
nas, sdannoj nam Christom meroj chorošego i durnogo, net
neizmerimogo (bezogen auf Napoleons 'unermeßliche Größe').
I net veličija tam, gde net prostoty, dobra i pravdy."[160].
Der Bezug auf Christus ist für die pravda-Wahrheit bezeichnend.
Auch ein "Foma Danilov"[161] verkörpert pravda in dieser
Bedeutung, lebt die Wahrheit des Volkes und hält in Treue
an ihr fest. Dostoevskij läßt ihn sagen: "Gde by ja ni byl,

159) Tolstoj, II, 6,402.
160) Tolstoj, II, 7,189f.
161) Dostoevskij, Foma Danilov, zamučenyj russkij geroj,
     in: Dnevnik pisatelja za 1877 god, Berlin 1922,
     S.17ff. Die Orthographie wurde dem heutigen Gebrauch
     angeglichen.

protiv sovesti moej ne postuplju i mučenija primu" (gemeint ist das Martyrium für den Glauben) und fügt hinzu:
"Podlinno už pravda dlja pravdy, a ne dlja krasy!" -
Auch Dostoevskij verbindet pravda mit dem Wesen und Denken des Volkes (S.22) und mit Christus (S.18).
Pravda als ethisch-religiöser Begriff bedeutet Einheit
des wahrheitsgemäßen Handelns. Nechljudov formuliert den
Willen zu pravda-gemäßem Handeln einmal so: "Razorvu ètu
ložъ, zvjazyvajuščuju menja, čego by èto mne ni stoilo,
i priznaju vse i vsem skažu pravdu i sdelaju pravdu, -
rešitelъno vsluch skasal on sebe..."[162]. Nun folgt aber
nicht der geistige Gehalt einer istina-Erkenntnis, sondern
die Aufzählung der positiven Wirkungen einer Hinwendung
zu pravda-gemäßem Handeln ("svoboda", "radostъ žizni",
"bodrostъ"). Der Wille zum sittlichen Handeln entsprechend der pravda-Wahrheit vereinigt Sagen und Tun.
Die Bedeutung der subjektiven Wahrhaftigkeit und des
Rechtverhaltens leben in einigen Ableitungen von pravda
fort. Indem sie dieses Element konservieren, nehmen sie
an der Bedeutungserweiterung von pravda nicht teil, d.h.
sie können nicht Wahrheit im Sinne der Erkenntnis und des
Wissens bedeuten. Im 19. Jh. tradieren sie die religiöse
δίκαιος - Bedeutung, die sie aber zu 'rechtschaffen,
bieder' verflachen können. Es sind die Ableitungen pravdivyj - pravdivostъ und pravednyj - pravednostъ. Pravdivyj
stellt sich in die Reihe 'wahrhaftig, treu, aufrichtig,
einfach, stark'[163].

---

162) Tolstoj, II, 13,119.
163) Beispiele: "mogučij i pravdivyj" (I, 6,618). "svjatyc,
    pravdivye, prostodušnye, plamennye čuvstva naroda"
    (I, 6,615). "pravdivyj i iskrennyj" (I, 10,296).
    "svoi svetlye pravdivye glaza" (II, 8,62). Hierher
    gehört auch die synonymische Verbindung "vera i
    pravda".

3. Pravda als religiös-metaphysische Wahrheit
   (Der absolute Gebrauch von pravda)

Das Wort pravda erweist seine Vielseitigkeit in der Bezo-
genheit auf die Rede (als Bekräftigung und Aussage des
Wirklichen), auf Leben und Tun (als Ausdruck der subjektiven Wahrhaftigkeit) und auf das Denken (als dem Mittel
der Wahrheitserkenntnis).
Damit sind die "wesenhaften Bedeutungsbeziehungen" dieses
Wortes nicht erschöpft. Die Einheit von pravda, in der
sich die verschiedenen Verwendungen wiederfinden, besteht
in der Auffassung von pravda als religiös-metaphysischer
Wahrheit, die im Erkennen, Sagen und Tun weit mehr ist
als nur Übereinstimmung von Sachverhalt und Aussage und
handelnder Konsequenz, sondern Erlösung und Rettung
meint[164].
Die Rede Dostoevskijs auf Puškin ist ein treffendes Beispiel dafür, wie verschiedene Verwendungsweisen des Wortes pravda nebeneinander bestehen können, ohne sich auszuschließen, weil sie nur verschiedene Aspekte eines Ganzen sind[165]. Die Puškin-Rede vereinigt auf engem Raum
pravda als Erkenntnis und Aussage der Wirklichkeit, als
gelebte Wahrhaftigkeit und als Erlösungswahrheit. Die
dichterischen Gestalten Puškins, so sagt Dostoevskij,
verkörpern die Wirklichkeit des russischen Volkslebens.
Die Gestalt der Tatьjana gehört zu den Bildern von 'unbe-
streitbarer Wahrheit' ("obrazy takoj neosporimoj pravdy",
S.452f.). In ihrer 'unbestreitbaren und fühlbaren Wahrheit' ("besspornaja, osjazatelьnaja pravda") sei die
'wesentliche Schönheit dieser Gestalten zu sehen: 'Unbe-
streitbar und fühlbar' wird die pravda-Wahrheit der Gestalten genannt, in denen ein Dichter die Wirklichkeit

---

164) Vgl. Frank, Die russische Weltanschauung, S.33f.
165) Dostoevskij, I, 10,442-459.

unmittelbar und zwingend vor Augen stellt[166]. Die Gestalt der Tatьjana ist nicht nur an sich wahr, sondern
'sie bringt die Wahrheit des Poems zur Sprache' ("ona
vyskazyvaet pravdu poėmy", S.449)[167]. Dies ist die erste Verwendung von pravda: Die Spiegelung der Wirklichkeit in verdichteten Gestalten voller Wahrheit und Schönheit.
Dostoevsky meint mit pravda aber auch das Leben und Handeln der Puškinschen Gestalten selber, ihre Wahrhaftigkeit. Tatьjana besitze einen festen Charakter, ruhe in
sich und sei tiefer und klüger als Onegin. Der Ausgang
des Poems zeige, daß es ihr gegeben sei, 'instinktiv'
zu fühlen, 'wo und worin Wahrheit ist' ("ona uže odnim
blagorodnym instinktom svoim predčuvstvuet gde i v čem
pravda", S.447). In dem Instinkt für die Wahrheit bestätigt sich pravda als 'Wahrhaftigkeit', d.h. als Verwur-
zeltsein mit der Wahrheit, so wie es Levin bei den einfachen Menschen aus dem Volk zu sehen glaubt. Ebenso
kommt in dem Gefühl für die Wahrheit wieder die Unmittelbarkeit von pravda zum Ausdruck, die sich auch im Sagen
und Tun wiederfindet. Das ist die zweite Verwendungsweise von pravda als 'Wahrhaftigkeit'.
Schließlich erscheint das Wort in der Rede auf Puškin
in dem Sinne der ersehnten und gesuchten Wahrheit als
dem Schlüssel zur individuellen und allgemeinen Erlösung.
Hier spricht Dostoevskij von den Gestalten Puškins, die
das russische Skitalzentum verkörpern, von Aleko und Onegin. Diesen ist nur das Bewußtsein geblieben, die pravda-
Wahrheit irgendwann und irgendwie verloren zu haben, doch

---

166) Dostoevskij sagt von den Gestalten, daß sie wirklich
    vorhanden seien: "estь".
167) Vgl. einen Satz von Dobroljubov über das dichteri-
    sche Talent, welches die Fähigkeit ("umenьe") sei,
    "čuvstvovatь i izobražatь žiznennuju pravdu javlenij."
    (VIIa, 2,247).

sie können sie nirgends wiederfinden. Sie können auch gar
nicht sagen, worin diese pravda eigentlich besteht, aber
sie leiden aufrichtig ("stradaet on iskrenno"). Und der
Leidende sucht in seiner Ungeduld und Phantasie pravda
irgendwo außerhalb seiner selbst (S.444), in Europa und
seinen Lebensverhältnissen.
Der Entfremdete hat wiederum kein nur theoretisches Interesse an der Wahrheit. Nicht im Streben nach reiner Erkenntnis, sondern in der Suche nach Erlösung besteht sein Verhältnis zur Wahrheit. Da er die pravda aber verloren hat,
hat er sich selbst verloren. Pravda bedeutet nämlich den
festen Lebensgrund und die Verwurzelung mit ihm, das
"lebendige ontologische Wesen, das der Mensch sozusagen
nur erfassen und dem er sich hingeben muß"[168].
Dostoevskijs Antwort in seiner Interpretation Puškins
lautet dann: Der Entfremdete sieht nicht, daß die Wahrheit nur in ihm selbst zu finden ist. "čto pravda vsego
vnutri ego samogo" (S.445). Dies erkennend, würde er zu
sich selber finden. Dann würde sich sein Leben grundle-
gend wandeln, weil seine Erkenntnis Konsequenzen für ihn
und die anderen zeitigen würde: "Najdi sebja v sebe,
podčini sebja sebe, obladej soboj, i uzrišь pravdu. Ne
v veščach ėta pravda, ne vne tebja i ne za morem gde-
nibudь, a prežde vsego v tvoem sobstvennom trude nad
soboju" (S.446).
Pravda läßt sich also in der Gleichzeitigkeit von richtiger Erkenntnis und richtigem Handeln verstehen. Das
Volk hat ein unmittelbares Verhältnis zur pravda und
kennt keine Spaltung zwischen Denken und Leben. Dostoevskij spricht in einem Ausdruck von "narodnaja pravda i
narodnyj razum" (S.446), von denen der Entwurzelte sich
gelöst habe. Würde er in der Selbstbesinnung aber zurück-

---

168) Frank, Die russische Weltanschauung, S.34.

finden, so wäre er auch befähigt, das Volk und seine
'heilige Wahrheit' zu verstehen ("narod svoj i svjatuju
pravdu ego", S.446).
Das ist die dritte Verwendungsweise von pravda als Wahrheit im absoluten Verständnis. Der Schluß der Puškin-Rede
mündet ganz in religiöse Vorstellungen. Die Lösung der
russischen und der Menschheitsfrage erscheint untrennbar
von der Gestalt Christi (S.456-459). Die Allbruderschaft
ist für Dostoevskij nur unter der einigenden Gestalt
Christi denkbar (S.458).
Pravda ist also auch im 19. Jh. ein religiöser Begriff
par exellence. Pravda ist 'göttliche Wahrheit', aber
nicht in unendlicher Ferne, sondern als religiös-metaphysischer Grund, der wiedergefunden und wiedererkannt
werden muß. Deshalb gehört ein prophetisches und escha-
tologisches Element zu pravda. (Puškin wird eine 'pro-
phetische Erscheinung' genannt, S.442).
Pravda im eschatologischen Sinne ist auch der Zustand
des Reiches Christi. Aleša träumt von dieser Ordnung auf
Erden. Über die Starzen nachsinnend, spricht er von der
Kraft, die endlich die pravda auf Erden verwirklichen
werde, ("ustanovitь pravdu na zemle"). Alle würden dann
heilig sein, einer den anderen lieben, weder reich noch
arm werde es geben, keine Erhöhten und keine Erniedrig-
ten, sondern alle würden Kinder Gottes sein und das wahre
Reich Christi werde anbrechen[169].
Pravda nimmt den Charakter eines universalen Heilsbegriffs
an, dessen Eigenart dadurch bestimmt ist, daß diese Wahrheit sowohl schon vorhanden (und immer vorhanden) ist,
als auch eschatologisch erwartet wird[170]. Dieser absolu-

---

169) Dostoevskij, I, 9,42.
170) Vgl. Dost., I, 10,186: "Bog pobedit! - podumal on. -
Ili vosstanet v svete pravdy, ili ... pogibnet v
nenavisti." (Aleša über seinen Bruder Ivan). -
I, 9,386: "... Ibo pravde poslužili, vyssej pravde,
nezemnoj." - II, 5,131: "Carstvo dobra i pravdy."

te Gebrauch des Wortes ist gegeben, wenn die beiden Komponenten 'Wahrheit-Wirklichkeit' und 'Wahrheit-Gerechtigkeit' in einer harmonischen Einheit vorgestellt werden. Vielleicht kann die Einheit oder "Zweieinheit" (Tolstoj)[171] im Deutschen unter dem Begriff der Wahrhaftigkeit verstanden werden, wenn man in diesem Wort einen doppelten Sinn begreift: Wahrhaftigkeit als das am Wirklichen und Wahren Teilhaben (d.h. ihm entsprechen) und Wahrhaftigkeit als die eben darin begründete Eigenschaft dessen, der wahrheitsgemäß lebt, das Rechte verwirklicht, Gerechtigkeit übt. Religiös ausgedrückt und damit dem religiösen Charakter der pravda-Wahrheit gemäß, würde die Universalität dieser Wahrheit in der Vereinigung von göttlicher, ewiger Wahrheit und menschlicher Verwirklichung, Sichtbarmachung derselben bestehen. Dieser Versuch zur Formulierung von pravda im absoluten Sinne sei durch einige Definitionen ergänzt, in denen die überragende Rolle des Heilsbegriffes pravda schlaglichtartig beleuchtet wird. I. Smolitsch schreibt in seinem Buch "Leben und Lehre der Starzen"[172] von pravda als einem "der größten Gedanken der russischen Weltanschauung". Ebenso 'Wahrheit' wie 'Gerechtigkeit' bedeutend, sei dieses Wort Ausdruck einer Idee, die an Stelle des Rechtes allen irdischen Beziehungen zugrunde liegen solle. "Diese Idee begleitet oder besser leitet den Entwicklungsgang des russischen Volkes und seine religionsphilosophische Weltanschauung seit der Einführung des Christentums bis heute."[173]. In unlöslichem Zusammenhang mit der religiösen Tradition beschreibt auch Frank den pravda-Begriff, der in der Literatur des 19. Jhs. lebendig ist: "Es ist nicht die Wahrheit als theoretisches Bild der Welt, als reine Idee, sondern die Wahrheit, die selber seiend ist, mit dem

---

171) Nach Levickij, Očerki, S.160.
172) Smolitsch, Leben und Lehre der Starzen, S.180f.
173) Derselbe, a.a.O.

74

innersten Grunde des Lebens zusammenfällt und die sich selber im wahren Menschen oder Menschheitsleben darstellt"[174].
Die absolute pravda ist wiederum schwer von istina als absoluter Wahrheit zu unterscheiden, aber die Einheit, von der die Rede ist, prägt pravda als den umfassenderen Begriff, in dem das Leben und Denken der Menschen, ihre irdische (russische) Wirklichkeit mit der göttlichen Wahrheit und Wirklichkeit lebendig verbunden sind, während istina immer esoterischer, ferner oder nur dem denkenden Erkennen zugänglich bleibt. Man vergleiche auch die Definition Dalьs, einen der wenigen Versuche, die Unterschiede beider Lexeme für 'Wahrheit' im Russischen begrifflich zu klären: "istina ot zemli, dostojanie razuma čeloveka, a pravda s nebes, dar blagostyni." (Dalь, Tolkovyj slovarь živogo velikorusskogo jazyka, Moskau 1956, Bd. II, S.60).
Einen 'Lobgesang auf die russische pravda' nennt Levickij in seinem Buch "Očerki po istorii russkoj filosofskoj obščestvennoj mysli"[175] die überschwengliche Verherrlichung des Wortes pravda bei Michajlovskij. Levickij schreibt: "On (Michajlovskij) vsju žiznь stremilsja k ėtomu sintezu, - i ėtoj žaždoj celostnoj Istiny prodiktovan ego znamenityj panegirik 'russkoj pravde'." Gemeint ist die Synthese 'des furchtlosen Blicks auf die Realität' und 'die moralische Bewertung der gesellschaftlichen Erscheinungen', worin nach Michajlovskij das Wesen der pravda besteht. Wir wollen auf diese Gedanken nicht näher eingehen. Uns interessiert vielmehr seine 'Lobrede' auf das Wort pravda:

"Vsjakij raz, kak prichodit mne v golovu slovo
'pravda', ja ne mogu ne voschiščatsja ego porazitelьnoj vnutrennej krasotoj. Takogo slova
net, kažetsja, ni v odnom evropejskom jazyke.
Kažetsja, tolьko po-russki pravda-istina i pravda-spravedlivostь nazyvajutsja odnim i tem že
slovom i kak by slivajutsja v odno velikoe celoe.

174) Frank, Die russ. Weltanschauung, S.32f.
175) Levickij, Očerki, S.186.

Bezbojaznenno smotretъ v glaza dejstvitelьnosti
i ee otraženiju v pravde-istine, pravde obьektiv-
noj, i v to že vremja ochranjatъ i pravdu-spraved-
livostъ, pravdu subektivnuju, - takova zadača
vsej moej žizni...".

Diese emphatischen Worte treffen die Bedeutung von pravda
als unauflösliche Einheit der beiden Grundvorstellungen
'Wahrheit-Wirklichkeit'und 'Wahrheit-Gerechtigkeit'. Daß
aber diese "Zweieinheit" nicht derartig einzigartig ist,
muß wohl auch Michajlovskij geahnt haben, da er seine Be-
hauptung durch ein doppeltes "kažetsja" abschwächt. Der
Hinweis auf einen Begriff wie ἀλήϑεια genügt, um die
Ausschließlichkeit einer solchen Feststellung zu wider-
legen[176]. Hiermit wird dem Wesen von pravda nicht Ab-
bruch getan. Die Verwandtschaft oder Ähnlichkeit mit älteren Begriffen der Wahrheit macht dieses Wort vielmehr
zu einer eindrucksvollen Verkörperung ererbter und in
Rußland modifizierter Wahrheitsvorstellungen[177].

III.   I s t i n a   u n d   p r a v d a

1. Unterschiedliche und gleiche Bedeutungen

Aus methodischen Erwägungen heraus war es nötig, die Bedeutungen der beiden Wörter zunächst getrennt abzuhan-
deln. Auf diese Weise ergaben sich typische und grundlegende Unterschiede, es zeigten sich aber auch Übereinstimmungen, die der Tendenz des Wortes pravda zur Bedeutungserweiterung entspringen. Im Zuge der getrennt vorge-
nommenen Beschreibung der Verwendungsweisen war es gleichzeitig erforderlich, den jeweils gegebenen Inhalt des
einen Wortes für 'Wahrheit' vor dem Hintergrund des konkurrierenden Lexems zu betrachten. Am Gegensatz lassen

---

176) Vgl. auch Tschiževskij, Russische Geistesgeschichte,
    I, S.36, wo auf die Doppelbedeutung der deutschen
    Ausdrücke "Recht haben","Recht behalten" aufmerk-
    sam gemacht wird.
177) Vgl. Frank, Die russ. Weltanschauung, S.38, über die

sich Wörter für 'Wahrheit' besser bestimmen. Doch bevor
das Gegensätzliche und das Gemeinsame richtig erkannt
werden können, müssen die Konturen jedes der beiden Bedeutungsträger für 'Wahrheit' nachgezeichnet werden.
Dies war die Aufgabe der getrennten Bedeutungsbeschrei-
bung.
Die folgenden Betrachtungen legen den methodischen Hebel
des Gegensatzes an Kontexte an, die beide Wörter zugleich
verwenden. Auch Dinge der gegenständlichen Welt kann man
am besten vergleichen, wenn sie tatsächlich nebeneinander
in Erscheinung treten.
Den Gegensatz zu einer bestimmten Auffassung von Wahrheit
bilden außer einer anderen Vorstellung von Wahrheit auch
Wörter für 'Lüge'. Wenn sich Wörter für 'Unwahrheit' in
gemeinsamen Kontexten mit pravda oder istina finden, dann
können ihre Bedeutungen dazu beitragen, die Wörter für
'Wahrheit' besser und richtiger zu verstehen. Dasselbe
gilt auch umgekehrt und käme zum Tragen, wenn die Bedeutungen der Wörter für 'Lüge' im Mittelpunkt der Untersuchung stünden.
Weiterhin ist zu fragen, ob die Verbindungen anderer
Substantive mit den Wörtern pravda und istina die Unterscheidbarkeit erleichtern, ob also in den Konsoziationen
nicht verbaler Art ein ebenso fundamentaler Unterschied
sichtbar wird wie an den Verbindungen der Lexeme mit bestimmten Verben.

Wurzeln der russischen Religiosität, deren fester Be-
standteil ja der Wahrheitsbegriff ist: "Die russ. Religiosität hat überhaupt einerseits durch die Vermittlung der byzantinischen Kirche teilweise das antik-
griechische, kosmologisch-ontologische Element in sich
aufgenommen, und man darf wohl sagen, daß der Unterschied
der russ. und westeuropäischen Religiosität bis zu einem
gewissen Grad dem Unterschied zwischen griechischer und
römischer Antike entspricht."

a) Gleichzeitige Verwendung in e i n e m Sinnzusammenhang

Gemeinsame Verwendung in ein und demselben Zusammenhang
bei unterschiedlicher Bedeutung zeigt jeweils einen bestimmten Bedeutungsinhalt des einen Wortes, dem eine Verwendung des anderen gegenübersteht, die einen Gegensatz
enthält. Dieser Gegensatz kann mehr oder weniger groß,
bisweilen kaum wahrnehmbar sein.

Die folgenden Beispiele werden nach diesen Gegensätzen
befragt, wobei die Ergebnisse an den oben gezeigten typischen Bedeutungsinhalten gemessen werden.

Dostoevskij: Lebedev sagt zu Myškin:

> "Nu, vot vam, odnomu tolьko vam, obъjavlju
> istinu, potomu čto vy pronicaete čeloveka:
> i slova i delo, i ložь i pravda - vse u menja
> vmeste i soveršenno iskrenno. Pravda i delo
> sostojat u menja v iskrennom raskajanii,
> verьte ne verьte, vot pokljanusь, a slova
> i ložь sostojat v adskoj(i vsegda prisuščej)
> mysli..."178).

Der Unterschied läßt sich so definieren: Istina, in Abhängigkeit von dem Verb obъjavitь 'erklären, mitteilen',
eigentlich 'zeigen, vorweisen', meint einen wirklichen
Sachverhalt, der im griechischen Sinne von ἀλήθεια als
Erkenntnis offengelegt wird. Die Verwendung von istina
steht in sinnvoller Entsprechung zu der betonten Fähigkeit des angesprochenen Myškin, den Menschen mit dem
Verstand zu ergründen, ihn durch und durch zu erkennen,
wie es das Verb pronicatь impliziert. Pravda dagegen
meint die Wahrheit eines Menschen, seine moralische
Wirklichkeit, welche in dem "iskrennoe raskajanie" besteht. Die 'Worte' und die 'Lüge' stimmen mit dieser
pravda nicht überein, obwohl sie trotz ihres Gegensatzes
("adskaja myslь") einen Teil dieses Menschen bilden

---

178) Dostoevskij, I, 6,354.

("vse u menja vmeste i soveršenno iskrenno"). Pravda und
istina stehen einander als sittliche Wahrheit und erkannte Wirklichkeit gegenüber. Istina bedeutet die Erkenntnis
eines Sachverhaltes, welcher in Worten formuliert wird,
pravda bezeichnet die Wahrhaftigkeit eines Menschen. Die
erkannte Wirklichkeit teilt dieser dem Gesprächspartner
in einer gedanklichen Abstraktion mit, die Wahrhaftigkeit
ist Teil seiner Person.

Tolstoj[179]: Aus einem Gespräch, in dem Pьer seinen Gesprächspartner André von der Wahrheit der Loge zu über-
zeugen sucht: André wehrt sich gegen den Absolutheitsan-
spruch der Loge. Er könne auf der Erde kein 'Reich des
Guten und der pravda' sehen, wie es Pьer und die Logen-
brüder offensichtlich zu erkennen meinten. Pьer stellt
dieses Mißverständnis richtig (" I ja ne vidal ego",...
"Na zemle, imenno na ètoj zemle (Pьer ukazal v pole),
net pravdy - vse ložь i zlo.") und gebraucht pravda in
dem universalen, überindividuellen Verständnis:

> "Ja čuvstvuju, čto, krome menja, nado mnoj
> živut duchi i čto v ètom mire estъ pravda."

Und etwas weiter unten:

> "Eželi estъ bog i estъ buduščaja žiznь, to
> estъ istina, estъ dobrodetelь; i vyššee
> sčastьe čeloveka sostoit v tom, čtoby stre-
> mitьsja k dostiženiju ich...".[180]

Der Gebrauch von pravda im Zuge der Erörterung von An-
schauungen der Loge ist ungewöhnlich. Die nähere Beobachtung zeigt den Unterschied zu istina, die hier wie
pravda absolut gebraucht wird. Pravda ist nicht dort,
wohin die Augen der Sprechenden blicken, in der russischen Wirklichkeit ("na ètoj zemle"), sondern in einer
höheren Welt ("v ètom mire"). Das 'fühlt' ("ja čuvstvuju")
Pьer, beweisen kann er es nicht. Pravda ist nicht logisch

---

179) Tolstoj, II, 5,131f.
180) Tolstoj, a.a.O., S.131.

beweisbar, sie ist entweder unmittelbar sichtbar oder
fühlbar oder spricht sich in der Rede unmittelbar aus.
Hier steht sie für die wahre Ordnung des Guten und Gerechten und als solche in Antithese zur irdischen Wirklichkeit. Istina wird formal und inhaltlich anders gebraucht. Formal ist das Wort zweites Glied eines Bedin-
gungsgefüges: 'Wenn Gott und das ewige Leben existent
sind, dann s i n d auch istina und dobrodetelь', d.h.
Wahrheit und entsprechendes ethisches Handeln. Istina
steht inhaltlich für die göttliche Wahrheit, nach der zu
streben gleichbedeutend mit ethischem Handeln ist. Pravda meint eine überirdische Ordnung, einen idealen Zustand,
istina bezeichnet die göttliche Wahrheit, die das richtige
Handeln eigentlich erst begründet.

Dostoevskij: Der Schluß des Artikels "Samoe poslednee
slovo civilizacii" hat folgenden Wortlaut:

> "Gde že pravda, neuželi vpravdu mir ešče tak
> dalek ot nee? Kogda že peresečetsja roznь i
> soberetsja li kogda čelovek vmeste, i čto
> mešaet tomu? Budet li kogda-nibudь tak silьna
> pravda, čtoby sovladatь s razvratom, cinizmom
> ėgoizmom ljudej? Gde vyrabotannye, dobytye
> s takim mučeniem - istiny, gde čelovekoljubie?
> Da i istiny li už ėto, polno? I ne odno li
> oni upražnenie dlja 'vysšich' čustv, dlja
> oratorskich rečej ili dlja školьnikov, čtoby
> deržatь ich v rukach, -- a čutь delo, nas t o-
> j a š č e e delo, p r a k t i č e s k o e uže
> delo - i vse po boku, k čertu idealy! Idealy
> vzdor, poėzija, stiški!"181).

Beide Wörter für 'Wahrheit' in diesen beschwörenden Sätzen werden zuerst in derselben Frage 'Wo ist denn?' genannt. Der Zustand Europas und der Welt wirkt in Dostoevskijs Artikel so deprimierend, daß die Frage nach der
Wahrheit zur Kernfrage wird. Pravda und istina erweisen

---

181) Dostoevskij, Dnevnik, zit. nach Grišin, Dostoevskij-
čelovek, pisatelь i mify, S.247-248.

sich auch hier als Worte von entscheidender allgemeiner
Bedeutung. Wieder verbinden sich die Wörter für 'Wahrheit'
mit grundsätzlichem Fragen nach der Lösung menschlicher
Probleme. Die Art der Formulierung und der Inhalt der Sätze kennzeichnen pravda und istina als Schlüsselworte für
Erlösung und Heil, denn andere als religiöse Kategorien
treffen nicht, was hier gemeint ist.

Uns geht es um den Bedeutungsunterschied, der sich aus dem
Kontext erschließen läßt. Im vorliegenden Beispiel ist er
so zu definieren: Pravda bedeutet einen der gegenwärtigen
Wirklichkeit der Welt entgegengesetzten Zustand unter den
Menschen, der den Streit, das Laster, den Zynismus und den
Egoismus überwinden könnte, wenn er nur stark genug wäre.
Pravda darf als die Kraft des Guten und der Wahrheit angesehen werden ("budet li kogda-nibudъ tak silьna pravda?"),
der schließlich die Kräfte des Bösen weichen werden. Die
istiny (pluralische Verwendung!) meinen 'erarbeitete',
'mit Mühe errungene Wahrheitserkenntnisse', welche den
Weg zur idealen Ordnung in der pravda freigelegt haben
müßten, aber diese istina-Wahrheiten bleiben am Himmel
der Ideen, verzieren Deklamationen, bleiben toter Besitz.
Als "Wahrheiten an sich" will Dostoevskij sie aber nicht
gelten lassen, so sind sie 'Unsinn' und 'Spielerei'. Wahrheitserkenntnis ist nur als 'Tat' ("delo") sinnvoll. Pravda meint die Vereinigung der Menschen ("soberetsja li
kogda čelovek"), istina-Wahrheiten zeigen den Weg dazu,
dessen mühevolle Bahnung aber nur lohnt, wenn man ihn auch
beschreitet.

Dostoevskij: Ein Gespräch zwischen Aleša und dem Stabshauptmann verbindet in anderer Weise pravda und istina,
zeigt aber beide wiederum in Bezug auf eine existentielle
Frage. Ein Kind erlebt die grausame Wirklichkeit der Welt
und tritt doch für Wahrheit und Gerechtigkeit ein. Der

Stabshauptmann erzählt Aleša von seinem Sohn, dessen Handeln und Erleben er so schildert:

> Der Sohn habe allein gegen alle gestanden
> und sei für den Vater eingetreten:

"Za otca i za istinu-s, za pravdu-s."

> Etwas weiter unten faßt er die Situation
> seiner Kinder - 'die Kinder verachteter
> Leute' - in die Worte:

"Detki prezrennych, ..., pravdu na zemle
ešče v devjatь let ot rodu uznajut-s."

> Und auf das mutige Verhalten seines Sohnes
> zurückkommend:

"... vsju istinu proizošel-s. Vošla v nego
èta istina-s i prišibla ego naveki-s."[182].

Im ersten Satz wird man übersetzen dürfen: 'für Wahrheit und Recht'.

Im zweiten Satz steht pravda für den wirklich fatalen Zustand der Ungerechtigkeit auf der Erde, den die Kinder des Verachteten schon früh erfahren: "pravda na zemle" ist das Gegenteil von dem, was mit pravda als Kraft der Wahrheit und des Guten ersehnt wird[183].

Schließlich steht istina für diese erkannte Wirklichkeit, anders ausgedrückt, für die unmittelbar sich aufdrängende Einsicht in den Zustand der Ungerechtigkeit. "Proizošel" und "vošla" drücken aus, daß das Kind von der Wirklichkeit getroffen wird, und zwar in einer niederschmetternden Weise ("prišibla ego naveki"). Eigentlich ist nicht das Kind, sondern die Wahrheit Subjekt des Geschehens. So verstanden sind sowohl pravda als auch istina hier erlebte und nicht abgeleitete Wahrheit, bedeutungsmäßig etwa so zu unterscheiden, daß pravda äußerlich erfahren, istina innerlich gesehen wird, wie wir oben schon gesagt

---

182) Dostoevskij, I, 9,258.
183) Vgl. I, 9,34: "Gde že pravda na svete?".
    I, 10,394: "O, kak užasna pravda na zemle.".

haben.

Dostoevskij: Es geht um die Erfahrung eines wirklichen
Sachverhaltes, wenn wir lesen:

> "... čto vy, i tolьko odin vy, mogli by
> peredatь istinu o slučivšemsja v Emse,
> poltora goda nazad..."

> Wenige Zeilen weiter: "... umoljaju vas
> skazatь mne vsju pravdu. Da imenno choču
> znatь, kakoj on čelovek, ..."[184].

Beide Wörter meinen hier die wahrheitsgemäße Mitteilung
von einem Ereignis, an dem der Fragende großes Interesse
hat. Beide sind Objekt einer sprachlichen Mitteilung,
beide beziehen sich auf denselben Gegenstand. Eines kann
für das andere stehen, ohne daß der Sinn verändert wird,
auffällig ist lediglich die Tatsache, daß pravda sich mit
skazatь verbindet, auf welches Verb gleichsam zwingend
nur dieses Wort und nicht das Synonym folgt.
Lexikalisch und grammatisch in absolut gleichem Kontext
finden wir beide Wörter in folgendem Zusammenhang bei
Tolstoj: Voraussetzung richtigen Handelns sei, weder sich
selbst noch andere zu belügen:

> "Ne lgatь ..., ne bojatьsja istiny, kuda
> by ona ni privela menja."

> Weiter unten ebenfalls im Gegensatz zur
> Lüge: "Ne lgatь v ėtom smysle značit ne
> bojatьsja pravdy", ohne Rücksicht auf die
> Lage ("položenie"), in die man dadurch kom-
> men könne. Die Lage, in die man durch "pravda
> i sovestь"gebracht werden könne, sei nicht
> so schrecklich wie das, was auf Lüge gegrün-
> det werde.[185]

Die Unterscheidung wäre gänzlich unmöglich, wenn nicht
dieses "v ėtom smysle" einen gewissen Gegensatz andeutete.
Tolstoj gebraucht pravda explizite in Bezug auf Leben

---

184) Dostoevskij, I, 8,73.
185) Tolstoj, II, 16,376.

und Tun. An die Sätze, die dies zum Ausdruck bringen, schließt sich das "ne bojatьsja pravdy" an. Die Folgen des verlogenen Lebens müssen also dementsprechend lebensunmittelbar verstanden werden, während bei dem "ne bojatьsja istiny" offen bleibt, was mit der Konsequenz gemeint ist, die nicht gescheut werden dürfe: "kuda by ona ni privela menja.". Aus dem bisher zu istina erschlossenen Bedeutungsgehalt wird man deduzieren dürfen, daß jene 'Lage' gemeint ist, in die nicht das wahrhaftige Leben, sondern das konsequent wahrheitsgemäße Denken führt. Die aufs engste verbundene Verwendung der beiden Wörter im selben Sinnzusammenhang und die Verknüpfung mit einer Frage grundsätzlicher Art ("Čto delatь?") zeigen einen der Fälle, wo die Abgrenzung der Bedeutungen fast nicht mehr möglich ist. Das Wort pravda ist fähig geworden, den Sinn von istina zu tragen.

b) Das Gegenteil der 'Wahrheit'

Stehen pravda und istina in e i n e m Kontext einander gegenüber, so lassen sich ihre unterschiedlichen und gleichen Merkmale gut bestimmen. Man könnte von einem Gegensatz auf der positiven Ebene sprechen.
Beide Lexeme begegnen aber auch häufig in Zusammenhängen, in denen Lüge in irgendeiner Form der Wahrheit entgegengesetzt ist. Dann finden wir in dem Wort für 'Lüge' einen Gegensatz auf der negativen Ebene. Seine semasiologische Relevanz ist größer als diejenige der "neutralen Beiordnungen", der Konsoziationen mit anderen Wörtern des Bedeutungsfeldes Wahrheit, weil die Anzahl der negativen Bedeutungsträger enger begrenzt ist als jene. Außerdem gehören Wahrheit und Lüge begrifflich-logisch viel enger zusammen als etwa Wahrheit und Liebe, Wahrheit und Glaube, Wahrheit und Treue. Mit anderen Worten: Die Bedeutungen der Wörter für 'Wahrheit' finden durch ein gleich-

zeitig vorhandenes Wort für das Gegenteil der Wahrheit
eine genauere Bestimmung als durch Bedeutungsträger aus
dem weiten Feld des Wahren, Guten, Richtigen, Wirklichen.
Als Gegensätze zu pravda und istina treten Wörter auf,
die folgende Unterscheidung erlauben:

1. Lüge als unwahre Aussage
   Gegensatz: die wahrheitsgemäße Aussage (pravda)

2. Lüge als Verlogenheit, Unwahrhaftigkeit, Selbstbetrug
   Gegensatz: Wahrhaftigkeit (pravda)

3. Lüge als Denkträgheit, Egoismus, Konvention, Lieblosig-
   keit
   Gegensatz: Leben in der Wahrheit, das höhere Streben
   nach Erkenntnis (istina und pravda)

4. Lüge als Irrtum, Hirngespinst und Schein
   Gegensatz: Wirklichkeit, Realität, richtige Erkenntnis
   (pravda und istina)

5. Lüge als negativer Zustand der irdischen Wirklichkeit
   und des Menschen
   Gegensatz: Der ideale Zustand einer Macht und Kraft
   des Guten und der Wahrheit (pravda)

Zu 1.: Die Lüge als unwahre Aussage ist die allgemeinste
Form des Gegensatzes zur Wahrheit. In ihrem Bezug auf die
Rede unterscheidet sie sich von der pravda-Wahrheit als
der richtigen und wahrheitsgemäßen Aussage. Das Sagen der
Lüge erscheint jedoch nicht in der Verbindung skazatь ložь -
eine mögliche aber nicht übliche Ausdrucksweise -, sondern
als lügen (lgatь)[186]. Ložь im Sinne von 'unwahre Aussage'
korrespondiert als gesagte Lüge mit der gesagten pravda
wie auch nepravda[187].

---

186) Z.B. "Ne ljublju ... lgatь; lučše budet vsju pravdu
     govoritь" (I, 5,344).
187) Ebenso findet sich "skazatь nepravdu" (II, 16,128).
     Nepravda bedeutet 'Lüge', 'Unwahrheit', nicht mehr
     'Ungerechtigkeit', z.B."Ėtot glupyj anekdot nepravda."
     (I, 6,55).

Zu 2.: Lüge als die negative Eigenschaft der Verlogenheit, des Selbstbetrugs, der moralischen Verderbtheit heißt ložь, lživostь, zlo. Diese Ausdrücke beleuchten pravda als 'Wahrhaftigkeit', d.h. als den ethisch-religiösen Wahrheitsbegriff. Pьer vergleicht seine lživostь mit der pravda anderer Menschen[188].

In den "Bratьja Karamazovy"[189] lehrt der Starec, die Ursache für das Fehlen der pravda und damit für die Zersetzung der menschlichen Gemeinschaft im Selbstbetrug und in der ureigensten Lüge zu erkennen ("lguščij samomu sebe i sobstvennuju ložь svoju slušajuščij do togo dochodit, čto nikakoj pravdy ni v sebe, ni krugom ne različaet..."). Ähnlich kennzeichnet ložь pravda als ethisch-religiösen Wahrheitsbegriff in den Worten Nechljudovs[190], der die Lüge als Fessel erkennt und sie im Sagen und Tun der pravda überwinden will. Lüge in diesem Sinne ist eine negative Lebensform, pravda ihr positives Gegenüber.

Zu 3.: Damit verwandt, aber weniger eng an religiöse Kategorien gebunden ist die Lüge als Konvention, die zur Erstarrung und zum Egoismus führt. Ihr Gegensatz bestimmt sich als ein höheres Streben nach Erkenntnis, wieder einmündend in ein wahrhaftigeres und selbstloseres Leben. Wahrheit kann hier ebenso istina wie pravda heißen.

Rajskij charakterisiert die Wesensart von Vera:

> "Da, èto ne prostodušnyj rebenok, kak Marfenьka,
> i ne 'baryšnja'. Ej tesno i nelovko v ètoj
> ustarevšej, iskusstvennoj forme, v kotoruju
> tak dolgo otlivalsja sklad uma, nravy, obrazovanie i vse vospitanie devuški do zamužestva.
> Ona čuvstvovala uslovnuju ložь ètoj formy i
> otdelalasь ot nee, dobivajasь pravdy."[191].

Die konventionelle Lüge wird durch ihr Gegenteil überwunden, durch das Trachten nach der pravda-Wahrheit, deren

---

188) Tolstoj, II, 6,402.
189) Dostoevskij, I, 9,58.
190) Tolstoj, II, 13,119.
191) Gončarov, III, 6,8.

Erkenntnis durch veraltete und künstliche Formen des Lebens und Denkens verhindert werden kann. Vor diesem Hintergrund erscheint pravda in den Konturen der Kernbedeutung von istina.

Ebenfalls bei Gončarov[192] findet sich die Gegenüberstellung "vseobščaja neoproveržimaja istina i blago": "ložъ i bezobrazie". Lüge und Gemeinheit sind für Stolz die Entwertung jener Macht ("neponimanie", "zloupotreblenie"), – der Liebe –, die mit der Kraft des archimedischen Hebels die Welt bewege. "Istina i blago" stehen synonym für 'Liebe', "ložъ i bezobrazie" für das Gegenteil. Istina bezeichnet aber auch hier die gesuchte, ersehnte Wahrheitserkenntnis, wenn Stolz sich fragt, wo denn die Grenze zwischen Gut und Böse zu ziehen sei, wo denn bei der Beurteilung dieser Probleme der wahren Liebe die Wahrheit sei. ("Gde že istina...?"). Er sieht die Don Quichotte- und Werther-Gestalten, 'die endlose Reihe der Helden und Heldinnen der Liebe', und seine Gedanken finden keine Lösung, im Gegenteil, sie führen ihn in einen Zustand trauriger Enttäuschung. Dies ist wieder bezeichnend für die istina-Wahrheit: Das Fragen und Zweifeln, das Nichtwissen, eben das Fernsein, das weit entfernt Sein von der Wahrheit. In ähnlicher Gegenüberstellung von Lüge und Wahrheit steht ložъ neben zlo und bezobrazie für das Gegenteil von istina, ihrerseits mit dobro und krasota verbunden, in Turgenevs Essay "Gamlet i Don-Kichot", wo es heißt:

> "Skepticizm Gamleta ne estъ takže indifferentizm, i v ètom sostoit ego značenie i dostoinstvo; dobro i zlo, istina i ložъ, krasota i bezobrazie ne slivajutsja pered nim v odno slučajnoe, nemoe, tupoe nečto..."[193].

---

192) Gončarov, III, 4,460-462.
193) Turgenev, IV, 8,183.

Turgenev sieht schließlich in Hamlet einen Diener der
Wahrheit, weil sein Skeptizismus nur Ausdruck seiner Wahr-
heitssuche sei, nicht aber einer allgemeinen Relativierung
der Werte. Istina-Wahrheit verschwimmt nicht im Nebel einer
völlig wertfreien Verbindung von Gut und Schlecht, sondern
verkörpert das Gegenteil der Lüge als Denkträgheit, Konvention und Egoismus[194].

Zu 4.: Lüge als Irrtum, Phantasie, Trugbild oder Schein
erklärt eine Wahrheit zur Wirklichkeit, Realität und richtigen Erkenntnis. Wiederum müssen wir mit der Schwierigkeit rechnen, in solcher Verwendung beide Lexeme klar zu
scheiden. In der Nuance liegt die Unterscheidbarkeit, wenn
der begriffliche Kern beider Wörter kongruent wird. Beispiele: Ivan sagt in seinem Angsttraum ("Košmar Ivana"),
daß er den Teufel nicht einen Augenblick lang für die
"realьnaja pravda" halte: "Ty ložь, ty boleznь moja, ty
prizrak"[195]. Und einige Seiten weiter in derselben Auseinandersetzung mit dem čert: "Ty chočešь porobotь menja
realizmom, uveritь menja, čto ty esь, no ja ne choču
veritь, čto ty esъ! Ne poverju!" Der Teufel erwidert ihm:
"Da ja i ne vru, vse pravda; k sožaleniju, pravda počti
vsegda byvaet neostroumna."[196]. Hier steht Lüge als Hirngespinst und Angstvorstellung der Wirklichkeit auf einer
Ebene gegenüber, wo - typisch für pravda - die Begegnung
so direkt und evident ist, daß der logische Verstand
Ivans gar nicht mehr seine Zustimmung geben oder verwei-
gern kann. Er wird überhaupt nicht angesprochen, weil
die Wirklichkeit erlebt und nicht gedacht wird. Auf anderer Ebene können Einbildung und Hirngespinst in Opposition zum Streben nach istina-Wahrheit stehen, so z.B.
in einer Definition Belinskijs zum Naturalismus, der

---

194) Vgl. auch: "Vo vsem ètom mnogo egoizma, mnogo samo-
     ljubija i malo istiny, malo ljubvi." (IV, 6,278).
195) Dostoevskij, I, 10,163.
196) Dostoevskij, I, 10,196.

'das Streben zur Wirklichkeit, zur Realität, zur istina'
und die 'Abkehr von Phantasie und Einbildung' sei ("fan-
tazija i prizrak")[197].
Gegensatz zur Wahrheit ist in den beiden letztgenannten
Beispielen nicht die moralische Lüge, sondern die Ver-
kennung der Wahrheit, die Täuschung.
Ebenso: Der Gegensatz istina: 'trauriger Irrtum' ("pečalь-
noe zabluždenie")[198].
Auch das oben zitierte Wort Puškins: "Tьmy nizkich istin
mne dorože nas vozvyščajuščij obman."[199].
Schließlich kann man auch im äußeren Glanz ("blesk") die
Täuschung sehen, der das Wahrheitsstreben nicht zum Opfer
fällt, so bei Dostoevskij[200]: "Ibo emu ne nužny blesk,
ne bogatstvo i daže ne počestь, a tolьko - istina!"
Zu 5.: Das Gegenteil der Wahrheit kann endlich als Grund-
übel der irdischen Wirklichkeit und des Menschen den Charakter eines allgemeinen negativen Zustandes annehmen,
von dem sich die ideale Ordnung der pravda und des Guten
abhebt. Dann ist Lüge die Macht des Bösen, pravda die
Kraft der Wahrheit.
Pьer fällt das vernichtende Urteil über die irdischen
Verhältnisse: "Na zemle... net pravdy - vse ložь i zlo",
um dann von einer überirdischen Welt zu sprechen ("v ètom
mire estь pravda")[201].
In ähnlicher Verwendung von pravda und ložь: "... sposob-
nostь videtь i veritь v vozmožnostь dobra i pravdy i
sliškom jasno videtь zlo i ložь žizni"[202]. Der gleiche

---

197) Belinskij, VIb, 10,315.
198) Tolstoj, II, 5,79.
199) Dostoevskij, I, 8,206.
200) Dostoevskij, I, 6,663.
201) Tolstoj, II, 5,131.
202) Tolstoj, II, 5,330.

Gebrauch findet sich auch in den oben angeführten Sätzen
von Dostoevskij (s.o.S.81) mit der Entgegensetzung von
pravda-Wahrheit und menschlicher Bosheit.

c) Konsoziationen

Konsoziative Verbindungen von pravda und istina mit anderen Substantiven auf der Ebene des Bedeutungsfeldes
wahr-richtig-gut-gerecht sind prinzipiell von größerer
Häufigkeit und Verschiedenartigkeit als die Abhängigkeit
der beiden Lexeme von bestimmten Verben. Die syntaktische
Abhängigkeit der Unterordnung kann semasiologische Aussagen eher ermöglichen, da wir es mit wenigen, häufig
wiederkehrenden Beziehungen zu tun haben. Die Verben des
Sagens, Erkennens und Wissens bilden ein sehr begrenztes
Inventar. Die enge Bindung an diese Verben kennzeichnet
die abhängige Wahrheit als eine je verschiedene.
Eine Beiordnung anderer Nomina darf als weniger aufschlußreich angesehen werden, weil deren Inventar wesentlich
größer ist und beigeordnete Nomina aus entfernteren Be-
deutungsbereichen immer auftreten können.
In der Praxis herrschen aber bestimmte Konsoziationen vor,
deren Beachtung das Wesen von pravda und istina näher zu
bestimmen erlaubt.
Die relativ geringe Aussagekraft derartiger Verbindungen
hat aber einen weiteren Grund darin, daß die Zahl der gemeinsamen Beiordnungen größer ist als die Zahl der fast
nur in der Umgebung von pravda oder istina auftretenden.
Unter diesen Voraussetzungen kann man die nominalen Konsoziationen in drei Gruppen einteilen:
1. Das Wesen der pravda-Wahrheit bestätigende,
2. das Wesen der istina-Wahrheit bestätigende,
3. gemeinsame Konsoziationen.
Zur ersten Gruppe zählen die Wörter vera, prostota, dobro,

narod, sila, zur zweiten Gruppe als typisch für istina
die Wörter, myslъ, mudrostъ, dejstvitelьnostъ, ideja und
zur dritten Gruppe außer dobro (einer typischen pravda-
Konsoziation) dobrodetelъ, žiznъ, sčastъe, ljubovъ, krasota
und bog[203].

Die Wörter der ersten Gruppe bestimmen pravda als ethisch-
religiöse Wahrheit, die der zweiten prägen istina als erkenntnismäßige Wahrheit, während durch die Beiordnungen
der letzten Gruppe die pravda und istina gemeinsame Bedeutung 'absolute Wahrheit' betont wird.

Alle diese Konsoziationen erlauben eigentlich nur am Einzelfall konkrete Aussagen. Der Blick auf ihre Gesamtheit
führt methodisch aus den genannten Gründen nicht weit.
Die Problematik der Abgrenzung solcher Konsoziationen ist
nur ein Beweis für die Tatsache, daß die Bedeutungen aus
der nicht sinnlichen Sphäre viel schwerer zu unterscheiden sind als diejenigen der sinnlichen Sphäre. Wir ver-
suchten oben, die unterscheidenden Elemente von istina
und pravda zu zeigen, beide Wörter in ihrer Polarität
gegenüberzustellen. Die Fülle der gemeinsamen Konsoziationen - in der von den Kontexten losgelösten Betrachtung -
vermittelt eher den Eindruck der absoluten Bedeutungsgleich-
heit und macht die Untersuchung der Einzelfälle, denen wir
in der vergleichenden Betrachtung immer nachgingen, erst
eigentlich erforderlich.

---

203) Fundstellen:
    istina: IV, 8,183. I, 10,177. I, 8,413. II, 5,81.
        II, 5,132. II, 2,393. VIa, 1,457. VIa, 2,633.
        VIb, 10,315. VIIa, 2,246. -
    pravda: IV, 8,172. III, 9,281. I, 6,386. I, 10,186.
        II, 13,59. II, 5,131. II, 5,330. II, 6,402.
        II, 7,190. II, 9,257.

2. Zusammenfassender Vergleich

a) Die Hierarchie der istina-Wahrheiten

b) Die Einheit der pravda-Wahrheit

Die beiden Symbole dienen dem Versuch, die Bedeutungen
von istina und pravda in der Literatur des 19. Jhs. in
ihren wesentlichen Unterschieden darzustellen. In ihnen
spiegelt sich wider, was oben im einzelnen ausgeführt
wurde.
Das Dreieck als Projektion einer Pyramide versinnbild-
licht die Stufenordnung der istina-Verwendungen von der
absoluten, streng singularischen über die Erkenntnis-
und Wissenswahrheit bis hin zu den Wahrheiten als gei-
stigem Besitz. Die Stufen bedeuten keine absolute Tren-
nung, sondern erlauben Übergänge, ihre Dreigliedrigkeit
reflektiert in systematischer Übersicht die am lebendigen Gebrauch des Lexem festgestellten Bedeutungsebenen.

Der Kreis symbolisiert die Einheit und Geschlossenheit
von pravda, in der Erkenntniswahrheit und ethisch-religiöse Wahrhaftigkeit und Rechtverhalten zu einem Ganzen
verbunden sein können. Die Mandalaform soll die "Zweieinheit"   versinnbildlichen, in der pravda Ausdruck einer absoluten Wahrheit ist.
Die Unterschiede in der Verwendung lassen sich nicht als
Stufen begreifen wie bei istina, sondern eher als die
Folge von Schwerpunktverlagerungen auf der Ebene eines
Kreises. Der pravda-Kreis schließt die Bedeutung von
istina ein, mit Ausnahme der pluralischen Verwendung.
Gerade die Vielheit widerspricht dem Wesen der pravda-
Bedeutung. Während die Hierarchie der istiny prinzipiell
höhere und niedere Wahrheiten enthält, die sich ihrer
Qualität voneinander so weit entfernen können, daß der
gemeinsame Ursprung (im Erkennen oder Schauen) aus dem
Bewußtsein schwindet, kann es prinzipiell keine höhere
oder niedere pravda-Wahrheit geben. Die Einheit von ob-
jektiver und subjektiver Wahrheit schwingt in jeder Verwendung dieses Wortes mit.

3. Bedeutungsbeziehungen in diachronischer Betrachtung

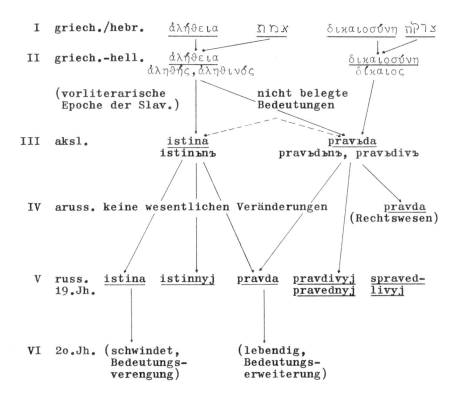

Die Pfeile bedeuten Beeinflussung durch Übersetzung, Ableitung oder synonyme Entwicklung, die bei Konkurrenz von Bedeutungen zu Bedeutungsveränderungen oder zum Schwinden von Wörtern führen kann.

Zu I und II: Hier stehen die zum Vorverständnis der biblisch-religiösen Termini notwendigen Bedeutungselemente, nämlich das genuin griechische (Wahrheit als Erkenntnis und Wissen) und das jüdische (Wahrheit als erwartetes Verhalten). Aus beiden formt sich unter dem Einfluß ande-

rer orientalischer Strömungen der griechisch-hellenisti-
sche Gebrauch von ἀλήθεια und δικαιοσύνη , der den aksl.
Übersetzungen zur Vorlage dient.
Zu III: Istina und pravda übersetzen die griech.-helle-
nistischen Wörter und nehmen ihre Bedeutungen an. Die
genuin slav. Bedeutungen sind nicht zu belegen. Die Ety-
mologien erlauben keine genaue Bestimmung von istina und
pravda unabhängig von den durch die aksl. und ksl. Tradition gegebenen. Istina scheint aber in einer ursprünglichen Bedeutung 'Eigentlichkeit, Wirklichkeit', pravda
als 'Gerechtigkeit, Rechtverhalten' am besten erfaßt zu
werden.
Zu IV: Die aruss. Periode bewahrt im wesentlichen die
Situation des Aksl. In dieser Zeit gewinnt pravda aber
mehr und mehr die Fähigkeit, die Bedeutungen von istina
aufzunehmen. Beide Lexeme bleiben aber nebeneinander bestehen. Istina verliert die Inhalte von ἀλήθεια als 'Treue,
Beständigkeit, Zuverlässigkeit'. Zu pravda entwickeln sich
spezielle Bedeutungen im Rechtswesen.
Zu V: Im 19. Jh. nähern sich die Bedeutungen von istina
und pravda so stark an, daß sie in vielen Fällen austauschbar werden. Pravda vereinigt in sich die beiden
Elemente der Wahrheit als Erkenntnis und Wissen und der
Wahrheit als Rechtverhalten und Gerechtigkeit.
Die Ableitungen nehmen eine Mittelstellung ein, das bedeutet: istinnyj steht etwa zwischen istina und pravda
und bedeutet 'wirklich' (vgl. istina) und 'wahrhaftig'
(vgl. pravda). Pravdivyj und pravednyj haben ihren Platz
zwischen pravda und spravedlivostь und meinen 'wahrhaftig'
(vgl. pravda) und 'rechtlich, gerecht' (vgl. spravedlivostь). Von pravda aus gesehen tendieren sie also entweder zum ἀλήθεια - oder zum δικαιοσύνη -Pol.
Durch die Veränderung von pravda zum Bedeutungsträger
für Wahrheit in universalem Verständnis werden andere

Wörter zu Trägern von Bedeutungen für 'gerecht' und 'richtig' (z.B. spravedlivyj). Solche, die das ethisch-religiöse Element (δίκαιος) bewahren, ohne an der Entwicklung von pravda teilzunehmen, verlieren an Gewicht (pravdivyj, pravednyj), während andere Wörter ihre Bedeutungen in säkularisierter Form übernehmen (spravedlivyj). Neben istina als 'Wahrheit und Wirklichkeit' in ursprünglich untrennbarer Einheit gemäß der Tradition des europäischen Wahrheitsbegriffes entstehen neutrale, säkularisierte Bedeutungsträger für 'Wirklichkeit, Realität' (z.B. dejstvitelьnostь).

Das seiner Bedeutungen beraubte Wort istina kann auf die Dauer neben pravda nicht bestehen. Nach dem Bruch mit der kirchlichen Tradition bleibt es isoliert als rein theologischer Terminus erhalten und geht als philosophisch-wissenschaftlicher Fachausdruck in einen eng begrenzten Bedeutungsbereich über.

Das Wort pravda behält in nicht religiösem Gebrauch die Funktion eines universalen Begriffes der Wahrheit.

D. Literaturverzeichnis

I. Quellen

1. Zu den älteren Sprachschichten

Codex Zographensis: V.Jagić, Quattuor evange- liorum codex glagoliticus olim Zographensis nunc Petropolitanus, Berlin 1879, unveränderter Abdruck: Editi- ones Monumentarum Slavicorum, Graz 1954.

Codex Marianus: V.Jagić, Quattuor evange- liorum versionis palaeo- slovenicae Codex Marianus glagoliticus, Berlin 1883, Graz 1960.

Codex Assemanianus: J.Vajs - J.Kurz, Českoslo- venská Akademie Věd, Prag 1955.

Savvina kniga: V.Ščepkin, Savvina kniga, Petersburg 1905, Editiones Monumentarum Slavicorum, Graz 1959.

Evangelium Ostromiri: Hrsg. von A.Vostokov, Petersburg 1843, Nachdruck bei O.Harrassowitz, Wiesbaden 1964.

Russkaja Pravda: Hrsg.: Akademija Nauk SSSR, Institut Istorii, I, Teksty, Moskva-Leningrad 1940. II, Kommentarii, Moskva-Lenin- grad 1947.

Novum Testamentum Graece: Hrsg.: E.Nestle, neu hrsg. von Erwin Nestle und K.Aland, 23.Auflg. Stutt- gart 1957.

F.M.Dostoevskij: Sobranie Sočinenij v 10 tomach,
Gosudarstvennoe izdatelьstvo
chudožestvennoj literatury,
Moskva 1958 (I)

Band: 1....Bednye ljudi
Band: 5....Prestuplenie i nakazanie
Band: 6....Idiot
Band: 7....Besy
Band: 8....Podrostok
Band: 9....Bratьja Karamazovy, Teil I-III
Band: 10....Bratьja Karamazovy, Teil IV, Epilog
Bobok. Zapiski odnogo lica
Krotkaja
Son smešnogo čeloveka
Puškin, Očerk

F.M.Dostoevskij: Dnevnik Pisatelja za 1877 god,
Berlin 1922.

L.N.Tolstoj   : Sobranie Sočinenij, Gosudarstvennoe izdatelьstvo chudožestvennoj
literatury, Moskva 1963. (II)

Band: 2....Utro pomeščika
Band: 3....Semejnoe sčastьe
Band: 4....Vojna i mir
Band: 5....Vojna i mir
Band: 6....Vojna i mir
Band: 7....Vojna i mir
Band: 8....Anna Karenina
Band: 9....Anna Karenina
Band: 10....Bog pravdu vidit, da ne skoro
skažet
Band: 13....Voskresenie
Band: 16....Čto že nam delatь
Ispovedь

Lev Tolstoj ob iskusstve i literature, tom I,
Sovetskij pisatelь, Moskva 1958.

I.A.Goncarov   : Sobranie Sočinenij, Gosudarstvennoe izdatelьstvo chudužestvennoj
literatury, Moskva 1952. (III)

Band: 1....Obyknovennaja istorija
Band: 4....Oblomov
Band: 5....Obryv
Band: 6....Obryv

I.S.Turgenev : Sočinenija, Izdatelьstvo "Nauka",
                Moskva-Leningrad 1964 (Akademija
                Nauk SSSR). (IV)

Band: 6....Rudin
Band: 7....Dvorjanskoe gnezdo
Band: 8....Gamlet i Don-Kichot
              Otcy i deti
Band: 9....Dym

A.I.Gercen   : Sobranie Sočinenij v tridcati
               tomach, Izdatelьstvo Akademii
               Nauk SSSR, Moskva 1955. (V)

Band: 4....Kto vinovat?
              Soroka-vorovka
              Doktor Krupov
Band: 9....Byloe i dumy 1852-1868

V.G.Belinskij : Ėstetika i literaturnaja kritika,
                Izbrannoe, v 2 tomach, Moskva 1959.
                (VIa)
Band: 1....Literaturnye mečtanija
              Ideja iskusstva
              Rečь o kritike
Band: 2....Pisьmo k N.V.Gogolju

V.G.Belinskij : Polnoe Sobranie Sočinenij,
                Izdatelьstvo Akademii Nauk SSSR,
                Moskva 1956. (VIb)
Band: 1....Vzgljad na russkuju literaturu
              1847 goda

N.A.Dobroljubov: Izbrannye Filosofskie Proizvedenija,
                 Gosudarstvennoe izdatelьstvo
                 političeskoj literatury, 1948.
                 (VIIa)
Band: 2....Kogda že pridet nastojaščij denь?

N.A. Dobroljubov:Sobranie Sočinenij, Gosudarstven-
                 noe izdatelьstvo chudožestvennoj
                 literatury, Moskva 1961.
                 (VIIb)
Band: 1....A.S.Puškin
              O značenii avtoriteta v vospitanii

II. S e k u n d ä r l i t e r a t u r

    1. Sprachwissenschaftliche Literatur

       Bielfeldt, H.H.: Altslavische Grammatik, Ein-
                        führung in die slavischen
                        Sprachen, Halle 1961.

Bricyn, M.A. : Iz istorii vostočno-slavjanskoj leksiki, Kiev 1965.

Frisk, H. : Wahrheit und Lüge in den idg. Sprachen, Einige morphologische Beobachtungen, GHA XLI,Göteborg 1935.

Kronasser, H. : Handbuch der Semasiologie, Kurze Einführung in die Geschichte, Problematik und Terminologie der Bedeutungslehre, Heidelberg 1968.

Luther, W. : "Wahrheit" und "Lüge" im ältesten Griechentum, Borna Bez. Leipzig 1935.

Meillet, A. : Etudes sur l'étymologie et le vocabulaire du vieux slave, II, 2.Auflg., Paris 1961.

Sperber, H. : Einführung in die Bedeutungslehre, Bonn 1965.

Sperber, H. : Zeitschrift für das deutsche Altertum, 59, S.63ff.

Schumann, K. : Die griechischen Lehnbildungen und Lehnbedeutungen im Altbulgarischen, Wiesbaden 1958.

Stang, Chr.S. : L'adjectiv slave istъ, NTS 15, 1949, S.343-351.

Stepanov,Ju.S. : Slova pravda i civilizacija v russkom jazyke, Izvestija Akademii Nauk SSSR, XXXI, 2,S.165-175, Moskva 1972.

Trautmann, R. : Die slavischen Völker und Sprachen, Eine Einführung in die Slavistik, Göttingen 1947.

Ullmann, S. : Grundzüge der Semantik, Die Bedeutung in sprachwissenschaftlicher Sicht, Berlin 1967.

2. Literaturwissenschaftliche und philosophisch-theologische Literatur

Braun, M. : Russische Dichtung im XIX.Jahrhundert, Heidelberg 1954.

Bultmann, R. : Untersuchungen zum Johannesevangelium, ZNW (Zeitschrift für die neutestamentliche Wissenschaft),Bd.27, Gießen 1928.

Frank, S.	: Die russische Weltanschauung, 2.Auflg., Darmstadt 1967.
Grišin, D.V.	: Dostoevskij - čelovek, pisatelъ i mify, Dostoevskij i ego "Dnevnik pisatelja", Melbourne 1971.
Lauth, R.	: "Ich habe die Wahrheit gesehen", Die Philosophie Dostoevskijs, München 1950.
Levickij, S.A.	: Očerki po istorii russkoj filosofskoj i obščestvennoj mysli, Possev-Verlag, Frankfurt 1968.
Smolitsch, I.	: Leben und Lehre der Starzen, Wien 1936.
Soden, H.von	: "Was ist Wahrheit?", Vom geschichtlichen Begriff der Wahrheit, Rektoratsrede, Marburg 1927.
Stender-Petersen, A.	: Geschichte der russischen Literatur, II, München 1957.
Tschiževskij, D.	: Russische Geistesgeschichte, I, Hamburg 1959.

III. Wörterbücher

Akademija Nauk SSSR, Institut Jazykoznanija	: Slovarъ sovremennogo russkogo jazyka, Moskva-Leningrad 1954.
Akademija Nauk SSSR, Institut Jazykoznanija	: Slovarъ russkogo jazyka v 4 tomach, Gosudarstvennoe izdatelъstvo, Moskva 1957.
Akademija Nauk SSSR, Institut Russkogo Jazyka	: Slovarъ sinonimov russkogo jazyka v 2 tochach, Izdatelъstvo "Nauka", Leningrad 1970.
Imperatorskaja Akademija Nauk	: Slovarъ russkago jazyka, S.-Peterburg 1895.
Dalъ, V.	: Tolkovyj slovarъ živogo veliko-russkago jazyka, tom I-IV, S.-Peterburg-Moskva 1913.
Dalъ, V.	: Tolkovyj slovarъ živogo velikorusskogo jazyka, tom I-V, Moskva 1956.

Ušakov, D.N.   : Tolkovyj slovarь russkogo
                            jazyka, tom I-IV, Gosudarst-
                            vennyj institut "sovetskaja
                            ènciklopedija", Moskva 1935.

Pavlovskij, I.Ja.   : Russisch-Deutsches Wörterbuch,
                            Riga-Leipzig 1900.

Lochowiz, A.B.   : Russisch-Deutsches Wörterbuch,
                            VEB Bibliographisches Insti-
                            tut, Leipzig 1951.

Jugoslavenska Akademija   : Rječnik hrvatskoga ili
znanosti i umjetnosti   srpskoga jezika,
                            Zagreb 1892-1897.

Piprek-Ippoldt   : Großwörterbuch Deutsch-Pol-
                            nisch, VEB VIg. Enzyklopädie,
                            Leipzig 1968.

Československá Akademie Věd: Slovník Spisovného
                            jazyka českého, Prag 1964.

Sadnik-Aitzetmüller   : Handwörterbuch zu den alt-
                            kirchenslavischen Texten,
                            Heidelberg 1955.

Meyer, K.H.   : Altkirchenslavisch - griechi-
                            sches Wörterbuch des Codex
                            Suprasliensis, Glückstadt/
                            Hamburg 1935.

Miklosich, F.   : Lexicon-palaeoslovenico-
                            graecolatinum emendatum auc-
                            tum, Vindobonae 1862-1865.

Sreznevskij, I.   : Materialy dlja slovarja drev-
                            ne-russkogo jazyka, unverän-
                            derter Nachdruck der 1893 in
                            Petersburg erschienenen Aus-
                            gabe, Graz 1955.

Vasmer, M.   : Russisches etymologisches
                            Wörterbuch, Band I-III,
                            Heidelberg 1953.

Frisk, H.   : Griechisches etymologisches
                            Wörterbuch, I, Heidelberg
                            1960.

Boisacqu, E.   : Dictionnaire étymologique de
                            la langue grecque, étudiée
                            dans ses rapports avec les
                            autres langues indo-euro-
                            péennes, Heidelberg-Paris
                            1916.

Klein, E.	: A Comprehensive Etymological Dictionary of the English Language, Amsterdam-London-New York 1966/67.
Pape, W.	: Griechisch-Deutsches Handwörterbuch in drei Bänden, Braunschweig 1888.
Dvoreckij, I.Ch.	: Drevnegrečesko-russkij slovarъ, Moskva 1958.
Gesenius, W.	: Hebräisches und aramäisches Handwörterbuch über das Alte Testament, Leipzig 1910.
Kittel, G.	: Theologisches Wörterbuch zum Neuen Testament, Band I u.II, Stuttgart 1953/54.
Gosudarstvennoe naučnoe izdatelъstvo	: Filosofskaja Ėnciklopedija, Moskva 1962.